自己肯定感は高くないとダメなのか

榎本博明 Enomoto Hiroaki

JN178535

★——ちくまプリマー新書

486

目次＊Contents

はじめに……9

第一章　自己肯定感っていう言葉を最近よく耳にする……13
自己肯定感を高めようという働きかけへの違和感／自己肯定感の低い自分はダメなのか？／ほめられても自己肯定感が低い自分はおかしいのか？／自分に満足できなくなるのは心の成熟のしるし／自分の現状に満足できないからこそ成長できる

第二章　日本の若者は自己肯定感が低いって言われるけれど……29
国際比較によれば日本の若者の自己肯定感は極端に低い／ここで浮上する三つの疑問／海外と違うと日本に問題ありとする図式が問題／データを真に受けることで気持ちが萎縮してしまう／なぜ日本の若者は自己肯定感得点が低いのか？／文化の違いに目を向ければ謎が解ける／他のデータと照らし合わ

せることで見えてくるもの／自己コントロールできる日本人、できないアメリカ人／自己肯定感の得点が低くてもまったく問題ない

第三章　自己肯定感はどのように測定されるのか？……………61
自己肯定感という言葉のあいまいさ／自己肯定感って何だろう？／自尊感情という言葉の意味／自己肯定感はきわめて主観的なもの／自己肯定感には向上心も含まれるべき／自尊感情はこのように測定される／自尊感情尺度には文化的要因が反映されない／自己肯定感尺度の開発と自己満足の意味／国際比較調査における自己肯定感のとらえ方／自己嫌悪は向上心のあらわれでもある／自分に満足できない心理についての理解が救いになる／国際比較調査のデータが意味するもの／自己肯定したがる欧米人、周囲に溶け込みたがる日本人／自己肯定感の高め方は文化により異なる

第四章　ほめられても真の自己肯定感は高まらない……101
ほめる教育・ほめる子育て全盛の時代／欧米の親や先生はほめ上手と言うが……／ほめる教育・ほめる子育てで自己肯定感は高まったか？／なぜほめても自己肯定感が高まらないのか？／「なぜ先生は叱ってくれないの？」／ほめる教育・ほめる子育ては他人の評価に依存する心をつくる／自己肯定感は安定的なものであるはず／できれば上がり、できなければ下がる、それは自己肯定感とは言えない／心理学の世界における自己肯定感の安定性についての議論／ほめられてばかりではメタ認知が機能しなくなる／ほめるばかりでは自己コントロール力が身につきにくい
第五章　ほんとうに大切なことに目を向けよう……153
ほんとうの自己肯定感とは？／自己肯定感の心理メカニズムは文化によって異なる／自己肯定感を高める教育への違和感／小手先のテクニックで向上す

るようなものではない／自己肯定感が自然に高まっていくために大切なこと

イラスト　きじまももこ

はじめに

自己肯定感という言葉を聞いたことがあるだろう。

学校の先生は、何かにつけて、「日本の若者は自己肯定感が低い」「君たちの中にも、自己肯定感の低い人がたくさんいるのではないか」「自信をもって社会に出ていくためにも、自己肯定感を高めるようにしないといけない」などと言う。そう言われれば、自分も自己肯定感が低いような気がして不安になる。そんな声をよく耳にする。

書店に行けば、「自己肯定感はこうすれば高まる」といった類いの本が並んでいる。その種の本のタイトルを見るだけでも、自己肯定感は高めないといけないんだなという気になるし、自己肯定感の低さに悩んでいる人が多いことがわかる。なにしろそうした本の需要があるから並んでいるのだ。

でも、よく考えてみると、自己肯定感が低いってどういう感じなのか、反対に自己肯定感が高いってどういう感じなのか、それがどうもはっきりつかめない。そんなことはないだろうか。

そこで、自己肯定感とは何なのかをわかりやすく解説しようと思う。それがわかってくると、世間に広まっている自己肯定感という言葉の意味はちょっと違うのではないか、といった疑念が湧いてくるはずだ。

国際比較調査のデータを引き合いに出して、日本の若者は自己肯定感が低いから、何とか高めないといけないなどと言われるけれども、僕はそれもおかしいのではないかと思う。その理由については、本文の中で詳しく説明することにしよう。ここでちょっとだけ考える材料を示すと、「今の自分に満足できないのは、はたして悪いことなのだろうか？」という疑問だ。

それに、成長の途上にある若者の自己肯定感が低いのは当たり前ではないのか。僕自身、若い頃は、何かと後悔しては自己嫌悪に苛《さいな》まれる日々を送っていた。「こんな自分じゃダメだ」「もっとマシな自分にならなくちゃ」といった思いに駆られたものだった。大人のような安定感のある同級生を見て圧倒されることもあった。「僕はまだまだ未熟だな」「こんなんで、いつか社会に出られるんだろうか」などと、将来への不安を感じたものだった。

そんな僕でも、いつの間にか大人になり、何とかここまでやってこられた。もしあの頃、自分を肯定ばかりしていたら、今の自分にはなっていなかっただろう。

もちろん、いずれは適度に自己肯定感が高まっていくのがよいと思う。でも、それは無理して高めようとするものではない。巷《ちまた》に広まっている自己肯定感を高める小手先のテクニックなどに惑わされてはいけない。自己肯定感というのは、自己嫌悪に苛まれながらも、何とか納得のいく生き方をしたい、もっとマシな自分になりたい、と心の中で格闘しながら生きていくことで、自然に高まっていくものなのではないか。

そのような立場から、自己肯定感についてじっくり考えていくことにしたい。

このような試みに強く共感してくださった筑摩書房編集部の鶴見智佳子さんのお陰で形にすることができました。この本が自己肯定感をめぐる葛藤を抱える人たちの救いになることを願っています。

二〇二五年一月　榎本博明

第一章　自己肯定感っていう言葉を最近よく耳にする

自己肯定感を高めようという働きかけへの違和感

学校の先生からも自己肯定感を高めようと言われ、塾でも自己肯定感を高めようと言われる。ネット記事を見ても、自己肯定感はこうすれば高められるといったアドバイスが出ている。

そうした世の中の空気ゆえに、だれもが自己肯定感を高めないといけないと思い込んでいるようだ。実際、文部科学省の通達もあり、教育現場では生徒の自己肯定感を高めることが重要な課題となっている。そして、生徒の自己肯定感を何とか高めてやらなくてはと思い、先生たちは生徒のことをよくほめるようになった。

でも、いくらほめても生徒たちの自己肯定感は一向に高まる気配がない。そればかりか、生徒の自己肯定感を高める役割を担わされている先生自身、どうも自己肯定感が高くないようなのだ。そこで、生徒だけでなく先生の自己肯定感を高めるにはどうしたらよいかが検討されたりもしている。

自己肯定感の高くない先生たちが、何とかして生徒たちの自己肯定感を高める役割を担わされ、どうしたらよいかに頭を悩ませている。何だか滑稽ではないか。

そもそも世間で言われているような意味での自己肯定感の高い人物が、この日本の社会にどれだけいるのだろうか。さらに言えば、そのような意味での自己肯定感の高い人は、模範にすべき人物なのだろうか。

自己肯定感という言葉が世間に広まったのは、ここ十数年のことであって、それ以前はそのような言葉はほとんど使われていなかった。自己肯定感を高めないといけないというような圧力もなかった。

ところが、教育界に自己肯定感という言葉が浸透し、生徒の自己肯定感を高めなければといった圧力が先生に重くのしかかるようになった。それによって先生と生徒の関係に好ましい変化が生じただろうか。

僕は、むしろ先生と生徒の間に溝ができてしまい、心が触れ合いにくくなっているのではないかと思えてならない。生徒の気持ちを傷つけてはいけない、生徒をほめて自己肯定感を高めてあげなければならないなどと言われるため、先生は生徒に非常に気をつかうようになった。

気をつかいすぎる関係って、何だか淋《さび》しくないだろうか。そんなふうに気をつかっていて、心の触れ合いが期待できるだろうか。ホンネを出し合えるだろうか。

自己肯定感の低い自分はダメなのか？

若者の側も、「自己肯定感を高めなければ」といった社会の空気の圧力によって苦しめられている。

ある中学生は、自己肯定感をめぐる心の中の葛藤について、つぎのように語る。

「先生からは、あなたはやるべきことをちゃんとやっているんだから、自分にもっと自信をもつようにって言われるんですけど、宿題や当番をちゃんとやるのは当たり前だし、それで自信をもてって言われても説得力ないっていうか……自信なんてもてませんよ」

別の中学生も、つぎのように葛藤に満ちた胸の内を吐露する。

「日本の若者は自己肯定感が低いから、海外の人たちを見習ってもっと自己肯定感を高めようって言われる。でも、テレビとかでアメリカの自分と同じような歳《とし》の生徒がまるで大人みたいな堂々とした態度で意見を言ってるのを見ると、とても自分には無理って思ってしまう。自己肯定感を高めるようにって言われるたびに、それが難しい自分はダメなのかなあって落ち込んでしまう」

このように、自分に自信がもてないというのは、けっして珍しいことではない。それなのに自己肯定感を高めるように言われることで、「やっぱり自己肯定感の低い自分はダメなんだ」とますます自信をなくす者も出てくる。

「私は、やっぱり自己肯定感は低いと思う。周りの同級生たちと比べても自信がもてる感じはないし、何かにつけて自分はまだまだ未熟でダメだなあって思う。何とか自己肯定感を高めたいって思うんだけど、どうしたらいいのかわからない」

と途方に暮れる者もいる。

そんなときに「こうすれば自己肯定感が高まる」「自己肯定感を高めるコツ」などといった本やネット記事の見出しを見ると、やはり気になってしまう。でも、多くの場合、そのようなものを読んでも自己肯定感が高まることはない。

実際、「こんな表面的なテクニックで、ほんとうに自己肯定感が高まるんですか？どうも怪しいって感じちゃうんですけど」といった疑問をぶつけられたことがある。そうした疑問をもつのは、とても大切なことだと思う。単純に信じ込むよりも、ずっと真の自己肯定感に近いところにいるのではないか。そもそもそのような自己暗示的なテクニックで一時的に自己肯定感が得られたとしても、すぐに元に戻ってしまうはずだ。

自分は自己肯定感が低いということを認めつつも、その自己肯定感を無理やり高める必要があるのかといった疑問を抱く者もいる。

「周りを見てると、みんなそんなに自己肯定感が高いとも思えない。それでも日常生活はとくに問題なく過ごせているし、ほんとに自己肯定感を高くしないといけないのかなって思う」

「自分に自信があるとか、このままの自分に満足なんて、とても言えない。いつも不安でいっぱいっていう感じがある。でも、それってダメなんだろうか。周りには自信満々なタイプもいるけど、何だか偉そうにしてて、あんなふうになりたいとは思わない。先生は自己肯定感を高めるようにって言うけど、ああいう鼻につく連中のようになるのがいいって思ってるんだろうか」

このように自己肯定感を高めるべきという風潮に対して疑問をもつのは、むしろ健全なことだと思う。その理由については、第二章以降で詳しく解説していくことにしたい。

ほめられても自己肯定感が低い自分はおかしいのか？

自己肯定感を高めるために「ほめる教育」「ほめる子育て」が推奨されている。そのため、ひと昔前と比べて、先生も親もやたらほめるようになっている。

10年ほど前に、大学生253名と社会人（30代〜60代）91名にほめられた経験や叱られた経験について尋ねる調査を行った。その結果、明らかに先生も親もよくほめるようになっていることが確認された。

たとえば、小学校時代によくほめられたという人は、大学生では53％なのに対して30代以上では37％だった。小学校時代に先生からよく叱られたという人は、大学生では25％なのに30代以上では42％だった。中学校時代や高校時代に関しても、まったく同じような傾向がみられた。つまり、学校の先生は明らかによくほめるようになると同時に、あまり叱らないようになっている。

父親からよくほめられたという人は、大学生では34％なのに対して30代以上では20％、母親からよくほめられたという人は、大学生では61％なのに対して30代以上では36％となっていた。つまり、家庭でも父親や母親がよくほめるようになっている。

5年ほど前に、小学校の校長先生たちの集まりの場でアンケート調査を行った際に、ほめることや叱ることについても尋ねてみた。その結果をみると、子どもたちをほめなければいけない、叱ってはいけないといった社会の空気による圧力が教育現場にも重くのしかかっていることが窺《うかが》える。

たとえば、「以前と比べて生徒（児童）をほめることが多くなった」を肯定する先生は79・5％、否定する先生は6・8％、「以前と比べて生徒（児童）を叱ることが少なくなった」を肯定する先生は61・3％、否定する先生は20・4％、「生徒（児童）をほめなければならないといった空気が強まっているのを感じる」を肯定する先生が77・3％、否定する先生が4・5％、「生徒（児童）を叱るべきときでも叱りにくくなっている」を肯定する先生が54・5％、否定する先生が22・7％となっている。

このように学校の先生も親もよくほめるようになっている。それにもかかわらず、自己肯定感の低い若者が減るどころかますます増えているように思われる。

先生たちがあまり叱らず、やたらほめるようになっていることは、学校に通うだれもが感じていることだと思う。よくほめられるし、めったに叱られることなどない。それなのに自分は自己肯定感が低い。そんな自分はおかしいのだろうか。そのように悩む者もいる。

「先生たちは気をつかって事あるごとにほめてくれる。でも、私の自己肯定感は低いままです。自信なんかないし、いつも不安でいっぱいです。そんな自分はダメ人間なんだろうかって、ときどき気分が落ち込みます」

「僕は、先生からよくほめてもらってるから、自己肯定感が高まってもいいのに、全然高まらない。自分に自信がないままです。こんな自分は、よっぽど自己肯定感が低いんだろうなって思うと、ますます自信をなくしてしまいます」

ほめられても自己肯定感が高まらない自分はおかしいのではないかと落ち込む者がいる一方で、自己肯定感はほめられたくらいで高まるものではないのではといった疑問を

抱く者もいる。

「学校の先生は私たちをよくほめてくれます。もちろんほめられればうれしい。でも、だからといって自分に自信がもてるわけではないし、このままの自分でいいとも思えないんです。ほめられて天狗《てんぐ》になるようではいけないとも思うし……」

「そもそも先生たちはどうしてこんなにほめてくれるんだろう。ほめられるほどのことをしてるとも思えないのに。どこかおかしい。ほめられていい気になっている同級生を見ると、あんなんでいいんだろうかって、批判的な気持ちになる。僕は今の自分があまり好きじゃないし、こんな自分から抜け出したい、もっとちゃんとした人間になりたいって思う。こんな状態で自己肯定感を高めるなんて、どうみても無理です」

そういう姿勢こそが、じつは真の自己肯定感に近づいていくために大切なのではないか。ほめてやれば自己肯定感が高まるはずだといってやたらほめることを推奨する姿勢こそが、あまりに安易すぎるのであって、そうした風潮こそが若者の自己肯定感に悪影響を与えているのではないか。それについては第四章で詳しく解説していきたい。

自分に満足できなくなるのは心の成熟のしるし

この本を手に取った人には、自分の自己肯定感が低いことが気になっているという人が多いはずだ。でも、ここまで読んできて、そんな自分はけっして特殊なのではないとわかり、少しホッとしているのではないか。ここで、さらに安心できるデータを紹介しよう。

ちょっと古いデータだが、小学5年生、中学1年生、中学3年生それぞれに、自分に満足しているかどうか、自分が好きかどうかを尋ねる調査が、心理学者の遠藤毅《えんどうたけし》によって行われている。その結果をみると、「自分に満足」という比率は、小学5年生では57・5％と過半数を占めるのに、中学1年生では30・0％と半分くらいに低下し、中学3年生では20・5％とさらに低下している。「自分が好き」という比率も、小学5年生では54・8％と過半数を占めるのに、中学1年生では45・0％と低下し、中学3年生になると32・5％とさらに低下している。

ここで注目すべきは、児童期には多くの子が自己肯定しているのに、思春期になると自己肯定する子が一気に少なくなるという傾向だ。

このような傾向は、小学校高学年から中学校高学年にかけてしだいにダメな人間になっていくということを意味しているわけではない。これには、児童期から思春期にかけての認知能力の発達が絡んでいる。

認知能力が発達し、抽象的思考ができるようになることで、「こうありたい」「こんな自分になりたい」という理想の自己を高く掲げるようになり、それとの比較で現実の自分を厳しい目で見つめるようになる。自分自身に対して批判的なまなざしを向けるようになるため、自分に対する満足度が低下し、自分が嫌いという比率も高まることになるのだ。

このように考えると、自分に満足できないというのは、けっしてダメなわけではなく、むしろ心の成熟のしるしといった面があることがわかるだろう。自分に満足できないことが世間で言う自己肯定感の低さにつながっているのだとしたら、それはべつに気に病むようなことではない。

自分の現状に満足できないからこそ成長できる

思春期から青年期にかけて、ますます認知能力は発達し、自分の内面に批判的な目を向けながら、「どう生きるべきか」「どんなふうに生きるのが自分らしいのか」「いったい自分はどうしたいのか」「どうしたら納得のいく人生になっていくのか」などといったアイデンティティをめぐる問いとの格闘が続くことになる。それは、今の自分に満足することができず、もっと納得のいく自分になりたいとの思いに貫かれたものであり、自分の現状に満足できないことが、より良い自分の探求につながっていると言える。

心理学者の元永拓郎《もとながたくろう》は、自らの学生時代の苦しさについて、つぎのように述懐している。

「自己肯定をしない学生時代はある意味、苦しいものであった。その苦しさの中で「自己肯定」しながら生きてきたのもまた事実であると思う。もっとも当時は「自己肯定」という言葉を重んじなかった。逆に自分を肯定してはだめだと思っていた。そんな中でも自分が認められる瞬間はやはり嬉《うれ》しかったのだから、そんな瞬間の集まりを手繰《たぐ》り寄せながら、自己肯定の感覚を紡《つむ》いでいたのだと思う。」（元永拓郎「自己肯定感の育つ環境」『児童心理』2014年6月号所収）

僕自身の思春期・青年期を振り返ってみても、けっして自分に満足していた日々とは言えない。

とくに中学時代は、「こんな自分じゃダメだ。もっとマシな自分にならないと」といった感じの自己嫌悪に苛《さいな》まれることが多かった。もし、そんなときに、「今の自分に満足していますか？」などという質問をされたなら、「まったく満足していない」と答えたに違いない。そうすると、自己肯定感が著しく低い人物ということにされてしまう。

大学時代は、自己嫌悪というよりは迷いの時代だったように思う。「自分はどうしたいのだろう」「自分らしさって何だろう」「どうすれば自分なりに納得のいく人生になっていくのだろうか」といった思いが絶えず脳裏を駆けめぐり、とても自分の現状に満足できる状況ではなかった。

自分だけではない。自分の進むべき方向に迷い大学から姿を消していく友だちがいたり、同じく自分を見失い留年して哲学や精神分析の書物を読みふける友だちがいたり、そんな友だちと語り合いながら理系から文系への転部を考える自分がいたりと、多くの学生が自分の現状を肯定することができず、どうすべきか悩み、もがき苦しんでいた。

自分の現状に納得できず、「何とかしなければ」ともがき苦しみながら自分の道を見つけ、軌道修正する。しばらくすると、「何か違う」と違和感に苛まれるようになり、改めてもがき苦しみながら何とか自分の道を見つけ、軌道修正する。そうしたことの繰り返しが自分の人生を歩むということだと思うが、思春期・青年期はとくにそうした自己形成の営みが盛んな時期と言える。

自分の現状をそのまま受け入れ肯定するだけでは、なかなか自分なりに納得のいく人生になっていかない。自分の現状を肯定することで上辺だけの自己肯定感を維持しようとしても、ほんとうの自己肯定感は手に入らないだろう。そのような意味でも、安易に自己肯定を促す今の教育環境は好ましくないと言わざるを得ない。

このように考えてみると、このところのほめまくりの教育、自己肯定を促すばかりの教育は、非常に大きな問題を孕《はら》んでいることがわかるはずだ。いくらほめて良い気分にさせ、「自分はこれでいいんだ」といった思いに導き、上辺だけの自己肯定感を取り繕ったとしても、そんなことでほんとうの自己肯定感は育まれない。

やたらほめまくり、自己肯定を促すばかりの教育環境は、自分の現状に疑問を抱き、ときに現状を否定し、今の自分を乗り越えていこうともがき苦しむ機会から、若者たちを遠ざけていることになる。それは、成長の機会を奪っていることに等しい。

そこからわかるのは、自分の現状に満足できないのは、けっして悪いことではなく、むしろ成長を強く求めている証《あかし》だということである。

第二章　日本の若者は自己肯定感が低いって言われるけれど……

国際比較によれば日本の若者の自己肯定感は極端に低い

自己肯定感を高めようという動きが大々的に始まったのは、国際比較調査のデータを見て、日本の若者の自己肯定感が欧米の若者と比べて極端に低いとされたことがきっかけになっている。まずはその種のデータをみてみよう。

国立青少年教育振興機構が２０１５年に実施した「高校生の生活と意識に関する調査」の報告書をみると、「自分はダメな人間だと思うことがある」という項目に「とてもそう思う」もしくは「まあそう思う」と答えた高校生の比率は、アメリカでは45・1％なのに対して日本では72・5％というように、著しく高くなっている。自分はダメな人間だと思うことがあるという高校生は、アメリカでは２人に１人もいないのに、日本では４人のうち３人近くもいるのだ。

内閣府は、２０１３年に、各国の13歳～29歳の青少年男女を対象に「我が国と諸外国の若者の意識に関する調査」を実施している。そのデータをみると、「私は自分自身に満足している」という若者の比率は、アメリカ86％、イギリス83・1％、ドイツ80・9％、フランス81・7％というように、欧米諸国は8割を超えている。それに対して、日本は45・8％と極めて低く、欧米諸国の半分に近い比率になっている。

この二つの調査結果を盛り込んだ「日本の子供たちの自己肯定感が低い現状について」という参考資料が、2016年の秋に開かれた第38回教育再生実行会議に提出された。そして日本の子どもや若者の自己肯定感が低いことが問題視され、自己肯定感を高めるための施策が真剣に検討されることとなった。こうした調査結果を日本の若者の自己肯定感の極端な低さの証拠とみなしたこと自体が、僕からすれば見当違いなことだったのだが、それについては後ほど解説することにして、もう少しデータをみていくことにしよう。

内閣府は、2013年と同様の「我が国と諸外国の若者の意識に関する調査」を2018年にも実施している。そのデータをみると、「私は自分自身に満足している」という若者の比率は、アメリカ87・0％、イギリス80・1％、ドイツ81・8％、フランス

85・0％というように欧米諸国は前回同様8割を超えているのに対して、日本は45・1％と相変わらず極めて低く、やはり欧米諸国の半分に近い比率になっている。

欧米の若者と比べて日本の若者の自己肯定感が低いのは問題だとして、自己肯定感を高めるためにほめるなどさまざまな試みが行われているにもかかわらず、欧米との歴然とした差は一向に縮まる気配がない。

内閣府は「子供・若者の意識に関する調査」というものも行っている。それは13歳～29歳の男女を対象としたものだが、そのデータを見ても、「今の自分が好きだ」という若者の比率は、2016年の調査では44・8％、2019年の調査でも46・5％となっており、自分を肯定する者はいずれも4割台に止まっている。「今の自分に満足している」という項目は、2016年の調査にはなかったが、2019年の調査では、これを肯定する若者は40・8％にすぎない。

ここで浮上する三つの疑問

このようにみてくると、たしかにこの種の国際比較調査のデータを見る限り、「自分に満足している」という若者の比率は、欧米が8割から9割なのに対して、日本は4割強というように、欧米の半分程度となっているのは事実である。だから日本の若者の自己肯定感は極端に低い、それは深刻な問題だということになっている。

でも、そうした論調に触れるたびに違和感がある。どこかおかしい。そこで、疑問に思うことを三点に集約して示しておきたい。

第一に、「自分に満足していない」ということを自己肯定感が低い証拠とみなしてよいのだろうか、という疑問である。各種国際比較調査でも、国内の調査でも、「自分に満足している」という者の比率が低いことを根拠に、日本の若者は自己肯定感が極端に低いとしている。それは妥当だろうか。さらに言えば、そうした調査で測定される自己肯定感得点がほんとうに自己肯定感を反映しているのかということである。

第二に、若者の自己肯定感が低いのは深刻な問題と言えるのだろうか、という疑問である。仮に、ほんとうに日本の若者の自己肯定感が低いとして、それはそんなに好ましくないことなのだろうか。前章の終わりの方で触れたように、自分の現状に満足していないことが自己肯定感の低さにつながっているのだとしたら、それはべつに問題視するようなことではないだろう。

第三に、欧米の若者と比べて日本の若者の自己肯定感が低くなるのは当然のことであり、それに目くじらを立てる方がおかしいのではないか、という疑問である。偉そうに振る舞う欧米人と謙虚に振る舞う日本人の対照性は、若者に限らずあらゆる年代にみられるものであって、それは文化的伝統に根ざしたものと言える。数字のもつ意味を解釈するにあたって、そうした文化的背景を無視すべきではないだろう。

そうした疑問を念頭に置いて、日本の若者の自己肯定感が欧米の若者と比べて極端に低いという問題について考えていくことにしたい。

海外と違うと日本に問題ありとする図式が問題

こうした国際比較調査のデータをもとに、日本の若者は自己肯定感が低いとされ、それは何とかすべき深刻な問題だと言われる。そこで、多くの若者が、このような意味での自己肯定感が低いことを気に病むようになる。データを突きつけられることで、「自己肯定感が低い自分たち日本の若者はダメなんだ」と思ってしまう。そして気持ちが委縮する。

「そうは言っても、海外との比較データがはっきりと数字で示されているじゃないか」と言いいたくなる人もいるだろう。事実、欧米の若者は8割以上が「自分に満足している」と答えているのに対して、日本の若者では「自分に満足している」と答える者は4割強に過ぎず、欧米のほぼ半分の比率になっている。

だから何なのだ、と言いたい。たしかにデータはそうなっている。でも、そのデータのもつ意味の解釈が問題なのだ。数字の単純な比較は見当違いな結論を導くことになりがちだ。

「海外と比べて日本はダメだ」というのが、日本の評論家やメディアが好んで用いる図式だが、それこそが「ダメな図式」なのではないのか。

海外のやり方と日本のやり方が違うと、「だから日本は遅れてるんだ」「だから日本はズレている」などといって、海外のやり方を取り入れようとする。でも、これが欧米人なら、「そんな国もあるんだな」と思うくらいで、自分たちのやり方を海外に合わせようなどとは思わないだろう。

自己肯定感に関しても同じだ。欧米の若者と違って日本の若者は「自分に満足している」と答える比率が低い。だからといって「日本の若者はダメだ」ということにはならないはずだ。

それなのに欧米の若者と傾向が違うと、日本の若者に問題があると思ってしまう。そこには大きな勘違いがある。「自分に満足しているかどうか」を欧米基準で考えるため、日本の若者の自己肯定感の低さは問題だということになってしまうのだ。日本人のデータのもつ意味は、日本基準で考える必要がある。

「欧米の若者は、なんでそんなふうに答えるんだろうなあ」

「欧米の若者は自分に甘いのかなあ。自分たち日本人みたいにもっと自分に厳しい目を向けてもいいんじゃないか」

「欧米人って謙虚さが足りない、っていうか全然ないんじゃないか。そうでなかったらほとんどの若者が自分に満足なんて答えられるはずがないだろうに」

「欧米人って、なんか偉そうな態度を取るけど、自分はすごいって思わないと生きていけない社会なのかな」

「欧米の若者は不安になることや自己嫌悪に陥ることがないのかな。それじゃ現状維持だけで成長できないんじゃないか」

「欧米では、自分に満足しているみたいに虚勢を張らないといけないのかな。何だか生きづらそうだなあ」

こんなふうに思ってもよさそうなものなのに、一方的にこっちに問題があると考えてしまう。それこそ日本の大人たちの自己肯定感が低いのではないだろうか。データのもつ意味を熟考することなく、数字を真に受けて自己否定してしまう。

データを真に受けることで気持ちが萎縮してしまう

さらに言えば、数字で示された各国のデータをそのまま比較すること自体が問題なのだ。

「データとして示された数字が信用できないというのか」と反発したくなる人もいるかもしれない。この種の意識調査に関しては、データとしての数字の信頼性や質問項目の妥当性についても、もちろん言いたいことはあるし、専門的な論文でそこを突いたこともある。でも、それはあまりに専門的な議論になるので、ここでは触れないことにする。

ここで強調したいのは、データとして示された数字はとりあえず信用するとして、その数字のもつ意味は自動的に決まるわけではないということだ。どういった視点に立って解釈するかで、その数字のもつ意味が違ってくる。

欧米の若者の8割以上が「自分に満足している」と答えているのに、日本の若者では「自分に満足している」と答えた者が4割強しかいない。数字をみれば2倍もの開きがあるというのは事実である。そこから「日本の若者の自己肯定感が低いのは問題だ。何とかして自己肯定感を高めないといけない」ということになっているわけだが、そうしたデータの解釈が問題なのだ。

そこに抜けているのは、文化的背景を考慮してデータの意味を解釈しようという姿勢だ。欧米では自分に満足という若者が多いのに対して、日本では自分に満足という若者は少ないということがデータで示されたとして、「だから日本の若者は問題だ」というのは、文化的背景を考慮せずに調査データの表層しかみておらず、大きな勘違いに基づく見解と言わざるを得ない。

政府の教育再生会議にも、そうした勘違いによる見解がデータと共に資料として提出され、日本の若者の自己肯定感を何とかして高めなければいけないということになっているのではないかと思わざるを得ない。

こうした論調が広まることで、若者たちは「自分は自己肯定感が低いからダメなんだ」と落ち込んだり、「何とか自己肯定感を高めないと」と焦ったり、それでも高まらないためにさらに落ち込んだりすることになる。

では、そこにはどんな勘違いがあるのか。それについて考えてみたい。

なぜ日本の若者は自己肯定感得点が低いのか?

どの国際比較データをみても、欧米の若者と比べて日本の若者は飛び抜けて自己肯定感得点が低くなる。それは事実である。そうした得点の違いの意味を解釈する際には、文化的背景を考慮する必要がある。

では、なぜ日本の若者の自己肯定感得点は低くなるのだろうか。なぜ欧米の若者の自己肯定感得点は高くなるのだろうか。その理由をきちんと検討しておく必要がある。

そうした自己肯定感得点のデータそのものを取り上げて、日本の若者の得点の低さを問題視することが多いのだが、そのように測られた自己肯定感得点のもつ意味を考えてみよう。

国際比較調査では、「自分自身に満足している」とか「今の自分に満足している」という項目に対して、「そう思う」か「そう思わない」かを答えさせている。「そう思う」と答えると自己肯定感が高くなり、「そう思わない」と答えると自己肯定感が低くなる。

日本の若者で、「そう思う」と答える者は4割強しかいない。この本の読者にも、「そう思う」とは言えないという人の方が多いのではないだろうか。その場合、なぜ「自分自身に満足している」「今の自分に満足している」と答えにくいのか。そこを突き詰めて考えていくことで、日本の若者の自己肯定感得点が低くなる理由がわかるのではないか。

たとえば、何らかの種目で優勝したり大活躍したりしたスポーツ選手のインタビューをみても、「すごいですね」「大活躍でしたね」と言われて、「はい、実力を思う存分発揮でき、結果を出すことができました」「自分の圧倒的な力を示せて良かったです」「これで自分は実力があるんだと確認できました」というようにひたすら自己肯定的な応答をする様子はほとんど見かけない。

多くの場合、「たまたまです」「皆さんの声援を力に変えることができました」「今回はうまくいきましたけど、課題も見つかったので、これからそこを強化していきたいと思います」「まだまだ課題は多いので、これで満足せずに力をつけていきたいと思います」といった感じの応答をして、謙虚な姿勢を見せることになる。

自己肯定感に関する意識調査の回答にも、そうした心理が反映されているはずだ。日本の若者は、自分を全面的に肯定するような回答はしにくいのである。そこには文化的なブレーキがかかるようになっている。

一方、欧米の若者にはそのような文化的ブレーキは働かないため、何の躊躇《ちゅうちょ》もなく自分を全面的に肯定するような回答をすることができる。

ゆえに、この種の調査データは真の自己肯定感をあらわしているとは言えない。これについては、自己肯定感の測定方法と併せて、改めて第三章で詳しくみていくことにしたい。

そういった議論はひとまず棚上げして、「自分に満足」という日本の若者が少ないのはどうしてなのかを考えてみたい。

文化の違いに目を向ければ謎が解ける

日本の若者の自己肯定感得点が欧米の若者と比べて著しく低いのはなぜなのか。そこを突き詰めて考えていくと、「自己肯定感が低いのは問題だ」「何とかして自己肯定感を高める必要がある」といった論調がいかに的外れであるかがわかるはずだ。

どの国際比較データでも、「自分に満足」という比率は、欧米の若者では非常に高く日本の若者では著しく低い。そうしたデータが意味するものは、自己肯定感そのものの違いではなく、自分を大きく見せるために過大評価する心理傾向があるか、謙虚さゆえに自分を厳しい目で見つめる心理傾向があるか、といった文化的背景の違いである。

子ども時代にアメリカで暮らした社会学者の恒吉僚子《つねよしりょうこ》は、アメリカ人の権威的な物言いのきつさに違和感を覚えた経験の一例として、つぎのようなエピソードをあげている。

「ある春の日、六歳の私は、母とシンディーという女性に連れられてドライブに出かけた。母が運転し、隣にシンディーが座り、私は後部座席で窓ごしに外の新緑を眺めていた。突然、新緑の薫りを胸一杯吸いたくなった私は、窓を降ろしはじめた。その時、顔を半分私のほうに向けながら、いかにも権威を持った口調でシンディーが、「いたずらは止めなさい」と怒鳴ったのである。そこには、自分の命令を聞かないなどとは言わせない、という威嚇的な雰囲気があった」（恒吉僚子『人間形成の日米比較――かくれたカリキュラム』中公新書　以下同書）

外気を入れようとしただけなのに、いたずらと決めつけられ怒鳴られた恒吉は、自分の親からこんな理不尽な叱られ方をしたことがないので、反論しようとした。

「その言葉を遮って、シンディーはさらに厳しく、「言う通りにしなさい！」と有無を言わせない口調で申しわたしただけであった」

「これが、もしわが家の出来事であったならば、どうなったか。おそらくは、「他の人が寒いでしょ……」などと言われ、〈自分のせいで誰かに風邪でもひかせたら大変だ〉などと慌てて窓を閉めたに違いない」

この事例でもわかるのは、アメリカの大人は「自分の権威」を振りかざして人を思うように動かそうとする傾向があるということである。

心理学者の東洋《あずまひろし》たちが行った日米母子比較研究の結果をみても、子どもが言うことをきかないときの親の対応の仕方における日米の対照性がよくあらわれている。

たとえば、食事をちゃんと食べないとき、アメリカの場合、親としての権威に訴えて、「食べないとダメでしょ」「言うことを聞きなさい」などと、理由はわからなくてもとにかく親の言うとおりにさせようとする母親が50％と圧倒的に多かった。そのように親としての権威に訴えて、有無を言わさず子どもを従わせるという母親は、日本では18％しかいなかった。

日本で37％と最も多かったのは、「ちゃんと食べないと大きくなれないよ」「野菜を食べないと病気になって遊べなくなるよ」などと、言うことを聞かないとどういう望ましくないことがあるかを理解させようとする母親だった。このような母親は、アメリカでは23％と権威に訴える母親の半分以下だった。

日本ではその他に、「せっかくつくったのにお母さん、悲しいな」などと、相手の気持ちに目を向けさせようとする母親も22％いたが、アメリカではそのような母親はわずか7%しかいなかった。

さらに、精神医学者であり、「甘え」概念の提唱者でもある土居健郎《どいたけお》は、アメリカに研修に行った際に、アメリカの精神科医の共感性の鈍さに驚いた経験について、つぎのように述べている。

「私はその間アメリカの精神科医が実際にどのように患者に接しているかをあらためて観察する機会を与えられた。（中略）その結果アメリカの精神科医は概して、患者がどうにもならずもがいている状態に対して恐しく鈍感であると思うようになった。いいかえれば、彼らは患者の隠れた甘えを容易に感知しないのである」

「普通人ならともかく、精神や感情の専門医を標榜《ひょうぼう》する精神科医でも、しかも精神分析的教育を受けたものでさえも、患者の最も深いところにある受身的愛情希求である甘えを容易には感知しないということは、私にとってちょっとした驚きであった。文化的条件づけがいかに強固なものであるかということを私はあらためて思い知らされたのである」（土居健郎『「甘え」の構造』弘文堂）

このような文化的伝統の違いが、自己肯定感をはじめ、あらゆる心理的特徴の文化差につながっている。

アメリカに限らず欧米に留学した学生たちの多くは、向こうの学生たちが、よく言えば堂々としている、悪く言えば偉そうにしており、自分の意見をあくまでも通そうとするのに圧倒されたという。また、向こうの人たちの共感性の鈍さに呆《あき》れたという。

それが、たとえば自己愛的な人格障害の典型例の日米の違いをもたらしている。

アメリカ精神医学会の診断基準によれば、誇大性、賞賛されたい欲求、共感性の欠如の三つが自己愛性人格障害にみられがちな特徴とされる。

誇大性というのは、実際以上に自分は優れていると思い込んだり、自分は特別な存在だと思い込んだり、威張り散らしたり、人を見下したりすることを指す。

賞賛されたい欲求というのは、成功者として注目されたい、みんなから賞賛されたいといった思いが強いことを指す。

共感性の欠如というのは、人の気持ちに鈍感だったり、人の気持ちに無関心だったり、人を平気で利用したりすることを指す。

とくに誇大性や共感性の欠如は、先にみたように、多くのアメリカ人にみられがちな性質と言える。それが極端になると自己愛性人格障害とみなされるわけだが、ごくふつうの人であっても、日本人からみればきわめて誇大的だし、共感性が欠けているということになる。

アメリカでは、人格形成において、自信をもつことが重視され、自己主張ができるようにと訓練されるため、誇大的で無神経なタイプの自己愛過剰が多いのだろう。

そのような自己愛過剰は日本では多くない。日本の場合は、同じく自分のことばかり気になる病的に自己愛が過剰なタイプといっても、傲慢で自分を強く押し出すような誇大的で無神経なタイプではなく、引っ込み思案で神経過敏なタイプが多くなる。

日本人に多い引っ込み思案で神経過敏なタイプの自己愛過剰には、人からどう思われるかばかりを気にし、人の顔色を窺《うかが》うあまり自己主張ができず、人から拒否されたり批判されたりすることを極度に恐れるため率直に自分を出せないタイプが多い。人から賞賛されたい気持ちは強いのに、それを表に出せずにうじうじしがちで、自分を抑えすぎる者も少なくない。

こうした文化的背景に目を向ければ、「自分に満足している」という若者の比率が、なぜ欧米では8割を超え、日本では4割強にしかならないのかがわかるだろう。比率に大きな差があることは、べつに深刻な問題なのではなく、ごく当然のことなのだ。

欧米人は自信たっぷりに振る舞わないといけないから、「今の自分に満足している」とほとんどの若者が答える。日本では謙虚に振る舞わないといけないから、「今の自分に満足している」と答える若者が半分もいない。それぞれの回答傾向は、属する文化に適応的な心のあらわれとみなすべきだろう。

他のデータと照らし合わせることで見えてくるもの

欧米の若者と比べて「自分に満足している」と答える比率が著しく低くても、べつに気に病むことなどない。それは、他の国際比較データを見れば明らかだ。

たとえば、学力に関する国際比較データを見てみよう。

国立青少年教育振興機構は2015年に「高校生の生活と意識に関する調査」を実施している。その報告書をみると、「私は、勉強が得意な方だ」という項目を肯定する者は、アメリカの高校生では65・6%なのに対して、日本の高校生では23・4%にすぎない。じつに3倍近い開きがある。
「自分に満足している」を肯定する者の比率に2倍近い開きがあることを取り上げて、日本の若者は自己肯定感が低すぎると問題視するのは、「私は、勉強が得意な方だ」を肯定する者の比率に3倍近い開きがあることを取り上げて、日本の若者は勉強が著しく苦手なのだといって問題視するのと同じだ。だが、それはとても見当違いなことなのである。

こうした自己評価はきわめて主観的なものであり、それは文化的背景に強く影響されているのであって、学力の実態をまったく反映していない。ゆえに、自己評価の差など気に病む必要などないのである。

その証拠として、OECDが3年ごとに実施している学力の国際比較調査「生徒の学習到達度調査（PISA）」の結果をみてみよう。

その調査は、各国の15歳の生徒を対象として、科学的リテラシー、読解力、数学的リテラシーに関するテストを実施している。大雑把な言い方をすれば、毎回日本は総合的にみて上位に位置し、アメリカは中間から下位あたりに位置している。だから、日本の若者が勉強が著しく苦手だなどということはない。

具体的にみてみよう。

2015年の調査結果をみると、アメリカは科学的リテラシー24位、読解力24位、数学的リテラシー40位となっている。それに対して、日本は科学的リテラシー2位、読解力8位、数学的リテラシー5位となっており、いずれの科目もアメリカよりはるかに優秀な成績を収めている。

2018年の調査結果をみると、アメリカは科学的リテラシー18位、読解力13位、数学的リテラシー37位となっている。それに対して、日本は科学的リテラシー5位、読解力15位、数学的リテラシー6位となっており、読解力こそ並んでいるものの、総合的にみればアメリカよりはるかに優秀な成績を収めている。

2022年の調査結果をみると、アメリカは科学的リテラシー16位、読解力9位、数学的リテラシー34位となっている。それに対して、日本は科学的リテラシー2位、読解力3位、数学的リテラシー5位となっており、いずれの科目もアメリカよりはるかに優秀な成績を収めている。

このように、日本の高校生はアメリカの高校生よりはるかに学力が高い。それにもかかわらず、日本の高校生で自分は「勉強が得意な方だ」と答えた者はわずか23・4％しかいない。一方で、アメリカの高校生では65・6％が自分は「勉強が得意な方だ」と答えているのだ。

このように学力データと学力に関する自己評価を照らし合わせてみると、アメリカ人は勉強ができなくても自分は「勉強が得意な方だ」と答える傾向があり、日本人は勉強ができても自分は「勉強が得意な方だ」とは答えない傾向があることがわかる。

ここから言えるのは、欧米人の自己肯定感得点の高さは、単に自分を過大評価する心理を反映しているに過ぎないということである。自己肯定感得点が欧米の若者よりどんなに低くても、日本の若者が気に病む必要などまったくない。

自己コントロールできる日本人、できないアメリカ人

欧米人には自分を過大評価する傾向が強くみられ、日本人は謙虚さゆえにそのような傾向はみられないということは、学力に限らず、さまざまな能力や性質に関して当ては

まる。ここでもうひとつ、自己コントロール力についてみておきたい。

自己コントロール力の重要性は、このところ教育界で注目を集めている。

文章を読解したり既存の知識を引き出して用いたりするのは、勉強をする上で必須の能力であり作業でもあるが、こうした知的活動以外の要因が、じつは勉強ができるようになるかどうかに深く関係することがわかってきた。そこで最近教育界で注目されているのが非認知能力だ。

非認知能力というのは、自分をやる気にさせる力や忍耐強く物事に取り組む力、集中力、我慢する力、自分の感情をコントロールする力など、学力のような知的能力に直接含まれない能力のことである。その中核となるのが自己コントロール力である。

心理学者モフィットは、1000人の子どもを生まれたときから32年間にわたって追跡調査を行った結果、子ども時代の自己コントロール力が将来の健康や富や犯罪を予測することを確認している。

具体的には、我慢する力、衝動をコントロールする力、必要に応じて感情表現を抑制する力など、自己コントロール力が高いほど、大人になってから健康度が高く、収入が高く、犯罪を犯すことが少ないことがわかったのである。

自己コントロール力は、勉強だけでなく、趣味や習い事、人間関係など、生活のあらゆる側面において大きな影響力をもつ。

たとえば、自分の言い分が通らないとすぐに怒りを爆発させるのでは、人間関係がなかなかうまくいかないだろう。思い通りの成果が出ないとすぐやる気をなくすようでは、勉強も部活や習い事もなかなかできるようにならないだろう。嫌なことがあるとすぐに落ち込み、何も手につかなくなるようでは、この先勉強でも仕事でも人間関係でも行き詰まることが多いはずだ。

このように重要な意味をもつ自己コントロール力に関しても、興味深いデータがある。

国立青少年教育振興機構が２０１７年に実施した「高校生の心と体の健康に関する調査」には、「私は怒った時や興奮している時でも自分をコントロールできるほうだ」という項目がある。この項目を肯定する高校生の比率は、アメリカでは81・6％、日本では63・6％となっている。つまり、腹が立ったり興奮したりしても自分をちゃんとコントロールできると答える者の比率は、アメリカの高校生の方がはるかに高い。

でも、これはどうも怪しい。映画やドラマをみても、アメリカ人はすぐに興奮し、感情的になり、モノを叩《たた》いたり、怒鳴ったり、人につかみかかったりする。

攻撃性に関するとてもおもしろい調査データがある。

心理学者ヒュースマンたちは、平均年齢8歳だった子どもたちが20歳〜25歳になる15年後に追跡調査した結果、8歳の頃に暴力的なテレビ番組を常習的に視《み》ていた者は、男女とも大人になったときの攻撃性が高いことを確認した。

たとえば、8歳の時点で暴力的番組の視聴時間が上位4分の1に入っていた男性では、犯罪を犯した者の比率は11％（残りの4分の3の男性では3％）、過去1年間に配偶者を押したり摑《つか》んだり突き飛ばしたりした者の比率は42％（同22％）、過去1年間に腹を立ててだれかを突き飛ばした者の比率は69％（同50％）と、攻撃行動を取る人物の比率の高さがとくに目立っていた。

女性でも、8歳時に暴力番組の視聴時間が上位4分の1に入る者では、過去1年間に配偶者に物を投げた者の比率は39％（残りの4分の3の女性では17％）、過去1年間に腹を立ててだれか大人を殴ったり首を絞めたりした者の比率は17％（同4％）となっており、男性同様に攻撃行動を取る人物の比率の高さがとくに目立っていた。

これは、子ども時代に暴力的番組をよく見ていた者は大人になってからとくに暴力的になることを証明した貴重な調査データである。

だが、これらのデータを見ながら日本人の様子を振り返ってみると、おもしろいことに気づく。

たとえば、日本の男性の42%あるいは22%が、過去1年間に配偶者を押したり摑んだり突き飛ばしたりしているだろうか。日本の男性の69%あるいは50%が、過去1年間に腹を立ててだれかを突き飛ばしているだろうか。そんなことは考えにくい。

女性の場合も同じだ。日本の女性の39%あるいは17%が、過去1年間に配偶者に物を投げているだろうか。日本の女性の17%あるいは4%が、過去1年間に腹を立ててだれか大人を殴ったり首を絞めたりしているだろうか。これも考えにくいことだ。

これほどまでにアメリカ人は攻撃的であり、自分の感情をコントロールすることができないのである。

このことは、高校生を対象とした調査からも明らかである。先にあげた国立青少年教育振興機構が２０１７年に実施した「高校生の心と体の健康に関する調査」には、自分の日常的な感情面についての質問もある。

そのデータをみると、「物を投げたり、壊したりしたくなる」という高校生の比率は、アメリカ28・６％、日本14・７％と、日本はアメリカのほぼ半分になっている。「人を責めたり、叫んだりしたくなる」という高校生の比率も、アメリカ23・１％、日本13・５％となっており、日本の方がはるかに低い。「誰かを殴ったり、傷つけたりしたくなる」という高校生の比率も、アメリカ26・４％、日本９・６％というように、２・５倍以上の開きがみられる。

それなのに、「私は怒った時や興奮している時でも自分をコントロールできるほうだ」という項目を肯定する高校生の比率は、アメリカでは81・６％、日本では63・６％となっている。

こうした結果は、自己肯定をめぐる文化的圧力の違いを如実にあらわすものと言える。アメリカの高校生は、日本の高校生に比べて、自分の衝動をコントロールすることができず、他人に対して著しく攻撃的・暴力的であるにもかかわらず、自分をコントロールできると思い込んでいる、あるいはそのように答える傾向が顕著にみられるのである。

このような意味での自己を肯定する姿勢、現実の自分を振り返ることなく自己を肯定する姿勢を、日本の若者も見習うべきだというのだろうか。

僕はそうは思わない。自分をちゃんと振り返ることをせず、自分を著しく過大評価し、「自分はすごい」「自分はできる」「自分に満足」などと言い切ることによって、自己肯定感の得点が高くなるのだとしたら、そのような得点を高めようとする必要などまったくないだろう。

自己肯定感の得点が低くてもまったく問題ない

今の若い人たちは大変だなあと思う。日本文化のもとで生まれ育っているわけだから、当たり前のように謙虚さや他者への思いやりの心を身につけている。それは日本の社会で生きていくには大切なことだし、それが身についていないと周囲から受け入れてもらえず、浮いてしまう。

僕が若者だった頃は、そうした謙虚さや他者への思いやりの心をもっていれば、望ましい若者として周囲から認めてもらえた。

ところが、今の若者には「自己肯定感を高めるように」といった圧力がかかる。その根拠として、「欧米の若者は8割〜9割が自己肯定感が高いのに、日本の若者で自己肯定感が高い者は5割もいないから」だという。

だが、自己肯定感が高いという欧米の若者には「謙虚さや思いやり」を身につけるようにといった文化的圧力はかかっていない。謙虚に振る舞ったり、他者に対して思いやりをもったりする必要はなく、「自信をもて」「自己主張ができるように」といった文化的圧力がかかっている。

どちらが望ましいのかといったことではなく、それぞれの文化的伝統の違いに過ぎない。日本社会を生きていくのに望ましい性質と欧米社会を生きていくのに望ましい性質が異なるというだけのことだ。

日本の社会を生きていくのに、欧米人のように、他者の気持ちや立場に配慮することなく遠慮なしに自分を押し出し、自信たっぷりに強烈な自己主張をしていたら、鼻持ちならない自己中心的な人物とみなされ、かなり生きづらくなるのではないか。

それは、意識するかどうかは人によるが、日本の社会で生まれ育ってきたなら、だれもがどこかで感じ取っているはずだ。だから他者の気持ちや立場を思いやらずに自己主張することなどできないし、今の自分に満足だなどという謙虚さに欠けた態度は取りにくい。

それがまるで好ましくないかのように、「自信をもて」「自己主張しろ」「自分に満足と言え」などといった圧力が加えられる。そこで、多くの若者は、自分は自己肯定感が低いからダメなのだと思い込まされ、生きづらさに悩むことになる。

実際、自己肯定感が低いことによる生きづらさの声を聞くことがあるが、その生きづらさはほんとうに自己肯定感の低さから来ているのだろうか。じつは、その生きづらさはメディアがもたらしているのではないか。

自分を押し出さないといけない欧米社会を生き抜いていくには、たいしたことがなくても「自分はすごい」「自分はできる」と虚勢を張ってでも自信たっぷりに振る舞い、他者への配慮よりも自己主張することが求められる。

一方、謙虚さや思いやりを重視する日本社会では、力があっても「自分はたいしたことない」「自分はまだまだだ」と謙虚さをもって努力する姿勢を示すとともに、他者の気持ちや立場に配慮するよう求められる。

こうした文化差を考慮すれば、自己肯定感得点に文化差があるのは当然と言える。そうした得点の低さは、むしろ望ましい心理状態にある証拠と言ってよいのではないか。それにもかかわらず、日本の若者の自己肯定感が低いのは好ましくない、何とかして自己肯定感を高めないといけないと騒ぐ方がおかしい。今の若者を苦しめる生きづらさには、このような見当違いな教育政策やメディアがもたらしている面もあるのではないだろうか。

それではつぎに、国際比較調査による自己肯定感得点の違いのもつ意味について考えてみたい。

第三章　自己肯定感はどのように測定されるのか？

自己肯定感という言葉のあいまいさ

「僕は自己肯定感がかなり低いと思う」
「自己肯定感の低い若者ということがよく言われるけど、私も自己肯定感が低い若者のひとりだと思う」

このように自分自身の自己肯定感の低さを自覚しているといった声を非常に多く耳にする。でも、自己肯定感が何を意味するのかがよくわからないまま、感覚的にそのような言葉を口にしている人が多いのではないか。

「自己肯定感が低いのは認めるけど、ではどうしたらそれを高めることができるのか、そこがよくわからない」
「先生はよく自己肯定感を高めるようにと言うけど、自己肯定感が高いってどういうことなのか、今イチそれがつかめない」

といった困惑の声を耳にすることもある。こうした困惑も、自己肯定感が低いとか高いとかいうがそれはどういうことなのか、そもそも自己肯定感って何なのか、そこのところが十分に理解されていないことによるのだろう。それがわからないままに自己肯定感をめぐる議論を取り上げても意味がない。

さらには、

「自分は自己肯定感が高いから大丈夫だという同級生がいるのだけど、とくに何かが優れてるわけでもなく、ただ思慮が浅いっていう感じで、こんなんでいいわけ？　って心配してしまう」

「自己肯定感を高めるために自分に自信をもてって言われるけど、若者に限らずテレビとかで自信満々な感じの人たちを見ていると、べつに人格者って感じじゃないし、単に利己的な人だったり、勘違い人間って感じの人だったりして、あんなんでいいのかなあって疑問に思う」

などといった戸惑いの声も少なくない。そこにはメタ認知能力の問題も絡んでおり、謙虚さを重んじる日本社会に限らず、自信をもつことを重んじる欧米社会でさえも自信満々の人物の危うさが指摘されている。これについては第四章で具体的に解説していくことにしたい。

日本の若者の自己肯定感が欧米の若者に比べて著しく低いことが問題視されるけれども、それは文化的伝統の違いを踏まえれば何の問題もない。前章では、そのあたりの事情について説明したわけだが、そこをもう少し明確にするために、国際比較調査において自己肯定感がどのように測定されているのかをみていきたい。

その前に、まずは自己肯定感とは何なのかをつかんでおく必要がある。そこで、自己肯定感の定義について確認しておきたい。

自己肯定感って何だろう?

自己肯定感という言葉は、20年ほど前にはほとんど使われていなかった。ここ十数年で一気に教育現場に浸透し、世間にも広まっていった。では、それ以前には自己肯定感というものはまったく問題にされていなかったのかというと、そんなことはない。ただ、用いられる用語が異なっていたのだ。

僕は、けっして自信満々ではなく、何をするにも「うまくできるかな?」といった不安が強い若者だった。こんな自分でも社会に出てうまくやっていけるかなと不安に思うことが多く、迷うことも多かった。それで高校2年のときは文系志望だったのに、3年で理系志望に切り替え、大学は理系に入ったのに、2年のときに進路に迷い、3年から文系に移り、会社に就職したものの、このまま適応していける感じがせず進路を考え直し、大学院を受験して退職し、心理学の研究者になった。

そんな紆余曲折《うよきょくせつ》の進路をたどってきたせいか、自分の生き方について思い巡らすことが多く、自己についての心理学的探求を続けることになった。その中で自尊感情についての検討も行ってきた。

今でいう自己肯定感の問題は、十数年前までは自尊感情という用語のもとに検討されてきた。僕たちの研究グループが2000年代前半にいくつかの学会で行ったシンポジウムでも、自尊感情という用語を使っていた。その頃、研究仲間のひとりが自己肯定感という言葉を用いて、その測定法についての検討を行っていたが、彼以外に自己肯定感という言葉を使っている人はいなかったように思う。

そこで、自己肯定感のもつ意味についての理解を深めるために、まずは自尊感情とは何かについて確認しておきたい。

自尊感情という言葉の意味

自己肯定感という言葉は20年ほど前にはほとんど使われておらず、自尊感情という用語のもとに研究されてきたと指摘した。自尊感情というのは、セリフエスティーム（self-esteem）という英語の翻訳語として定着した専門用語である。だが、その自尊感情という言葉は、ちょっとイメージが湧きにくいのではないだろうか。

僕は、学生時代に限らず、研究者として活動するようになってからも、自尊感情という用語については、「何だかイメージが湧きにくいし、日本語としてもこなれていないなあ」と感じていた。

そのように感じる研究者も少なくないようで、自尊感情でなく自尊心という言葉を用いる人もいる。「どんな境涯に置かれても、けっして自尊心を失ってはいけない」などと言われるように、自尊心なら日常用語でもあり、正確に定義するのは難しいにしても感覚的にわかる気がするだろう。

人間のもつ欲求についての研究で有名な心理学者マズローは、だれもが満たすように駆り立てられる基本的欲求のひとつとして、承認と自尊の欲求をあげている。それは、評判、名声、地位、他者に対する優勢、他者からの関心や注目、他者からの理解などに対する欲求という側面と、強さ、業績、妥当性、熟練、資格、世の中に対して示す自信、独立と自由などに対する欲求という側面からなる。このような自尊心への欲求を基本的欲求に含めることで、マズローは自尊心をもつことの重要性を強調している。

すぐに誘惑に負けたり、困難にぶつかるとすぐに諦めてしまったりといった心の弱さを感じるようでは自尊心を保つのは難しい。やるべきことをきちんとこなしたり、何らかの成果を出したり、できなかったことができるようになったり、他者から好意的な評価をしてもらえたり、自分なりに納得のいく生き方ができていたりすれば、自分を信頼することができ、自尊心は高まるはずだ。

このような自尊心は、心理学では自尊感情という用語のもとに研究されてきた。

自尊感情は、心理学者ローゼンバーグによって、「自己に対する肯定的または否定的な態度」と定義されている。

最近は自己肯定感という言葉の方が世の中に広まっているが、自己に対する肯定的または否定的態度という意味では、自尊感情も自己肯定感もほぼ同じ意味で用いられていると言ってよいだろう。

自己肯定感はきわめて主観的なもの

ここで確認しておきたいのは、自尊感情とか自己肯定感というのはけっして客観的なものではないということである。

周囲を見回せば、十分な実力があったり実績があったりするのに自信なさそうな人もいる。いつも欠かさずに宿題をやってくるし、授業中に先生から指名されればたいてい適切な回答をするし、試験でも良い点数を取っているから、もっと自信たっぷりな態度を示してもよさそうなものなのに、何だか自信なげに見える同級生がいたりする。異性からモテモテなので自信をもっているのかと思えば、気持ちが委縮していて、なんでもっと自信をもてないのだろうと不思議に思わざるを得ない同級生もいたりする。

その一方で、宿題をいつもやってこないし、授業中に気が散りがちでしょっちゅう先生から叱られていて、試験でもけっして良い点数を取っているわけではないのに、いつも堂々としていて自信ありげに見える同級生がいたりする。乱暴者で周囲から煙たがられているのに、そんなことにはまったく無頓着で、何だか自信満々な態度で人に話しかける同級生もいたりする。

自己に対する肯定的または否定的態度が自尊感情あるいは自己肯定感だとすると、それは客観的に裏づけられたものではなく、きわめて主観的なものと言わざるを得ない。

実際、心理学の草創期に心理学を体系化したジェームズは、自己に対する満足や不満足の客観的理由とは無関係の、ある平均した調子の自己感情があるという。それがまさに自尊感情あるいは自己肯定感のことだと言ってよいだろう。

そう考えると、もっと自信をもってもよさそうな実績や能力があったり人気があったりするのに自信がない人がいたり、反対になぜあんなに自信満々なのかがわからない人がいたりする理由がわかる。どうも自尊感情や自己肯定感というのは、客観的な基準に従って上下するというものではないようだ。

自尊感情の測定法を開発したことで知られるローゼンバーグも、自尊感情というのは客観的な評価には対応していないものとみなしているように思われる。

ローゼンバーグは、自分はたいていの人より優れていると考えているのに、自分自身に対して設定した基準をもとに自分は不十分だと感じる人もいれば、逆に、自分は平均的な人物だと考えているのに、そんな自分にとても満足を感じている人もいると指摘している。

このように自尊感情や自己肯定感は、周囲による客観的な評価に対応したものでもなければ、自己評価をそのまま反映したものでもなく、本人が自分自身に満足しているかどうかというきわめて主観的なものなのである。

自己肯定感には向上心も含まれるべき

自尊心をもっている人物というと、単に自信があるだけでなく、自分なりに納得のいく生き方をしており、あるべき自分の姿に近づこうという向上心をもっている人物を思い浮かべるのではないだろうか。

そこで注目すべきは向上心だ。自尊感情にも向上心、つまり今以上の自分になりたいという欲求が含まれると考えるべきだろう。勉強やスポーツ、大人であれば商売や出世競争など、たとえ何らかの領域で実力を発揮していたとしても、向上心の乏しい自分に甘んじるような人物を自尊感情の高い人物とみなすことには抵抗がある。

そこには自分に対する要求水準が関係している。

今は自己肯定感という言葉が広く使われているので、それに合わせて言えば、周囲から見て十分な実力や実績があったり、人格的に尊敬されたりしているのに、なぜか自己肯定感が低いという場合、本人がもっと高いところに自己評価の基準を置いている、つまり自分に対する要求水準が高いということが考えられる。それゆえに、かなりの水準に達しているにもかかわらず、「自分はまだまだダメだ」「自分はまだまだ未熟だ」ということになり、自分の現状を肯定しきれないため、自己肯定感は低くなる。

一方、周囲から見て実力もなくたいした実績もなかったり、人格的に問題ありとみなされたりしているのに、自分の不十分さを感じることなく、なぜか自己肯定感が高いという場合、自己評価の基準が低い、つまり自分に対する要求水準が低いということが考

えられる。それゆえに、まだまだ未熟だったり不十分だったりしても、自分の現状を肯定してしまうため、自己肯定感が高くなる。

こうしてみると、自己肯定感あるいは自尊感情は高ければよいというわけではないことがわかるだろう。

自尊感情の心理学的研究の端緒を開いたとも言えるローゼンバーグは、自尊感情はありのままの自己を受け入れるだけでなく、成長し欠点を克服するという動機づけを含むものとみなしている。そして、自己満足には独りよがりも含まれるとして、自己満足と自尊感情を区別している。

自己肯定感に関する多くの調査では、自分に満足しているかどうかが問われ、満足していれば自己肯定感が高いとみなされる。でも、先ほど例示したように自分に対する要求水準が低いために自分の現状に満足している場合もあることを考慮すると、そうした独りよがりの自己満足を自己肯定感が高い望ましい状態とみなすのは妥当とは言えない。

そこで重視すべきは向上心の有無である。

心理学者のフェルドマンも、自尊感情を自分自身の価値、評価、重要性などの総合的な査定であると定義したうえで、向上心と自信の程度の双方を反映するものとしている。

このように、自己肯定の実態をみても、自己肯定感に相当する自尊感情の心理学的研究の流れをみても、自己肯定感はただ高ければいいというようなものではないことがわかるはずだ。単なる現状肯定を自己肯定感の高さとみなしてはならない。自己肯定感について考える際には向上心を考慮する必要がある。

自己肯定感得点をめぐる議論には、そうした視点が抜けていることが多いので、けっして鵜呑《うの》みにしないように注意したい。

自尊感情はこのように測定される

自己肯定感という言葉が世間に広まり、自分は自己肯定感が低いと気にしたり、何とかして自己肯定感を高めないといけないと思ったりしている人も、自己肯定感がどのようなものなのか、どのように測定されるのかを知らないことが多い。

日本の若者は自己肯定感が低いから問題だ、日本の若者の自己肯定感を欧米のように高めないといけないと論じている人たちも、自己肯定感がどのように測定されているのかを知らないのではないかと疑いたくなる。なぜなら、そうした論点があまりにも的外れだからだ。

そこで、自己肯定感がどのように測定されているのかを確認しておきたい。

自己肯定感という言葉が使われるようになったのは、ごく最近のことであって、十数年前までは自尊感情という用語のもとに研究が行われてきたので、まずは自尊感情の測定法についてみていくことにしたい。

心理学の世界において、自尊感情を測定する心理尺度として、最も多く使われてきたのが、10項目からなるローゼンバーグの自尊感情尺度である。それにはいくつかの翻訳があるが、自己に関する研究活動を一緒にさせていただいた故星野命《ほしのあきら》先生の翻訳版は、ローゼンバーグの自尊感情尺度を広めるのに大きく貢献した。それは、つぎのような項目で構成されている。

①私はすべての点で自分に満足している

②私は時々、自分がてんでだめだと思う

③私は、自分にはいくつか見どころがあると思っている
④私はたいていの人がやれる程度には物事ができる
⑤私にはあまり得意に思うところがない
⑥私は時々たしかに自分が役立たずだと感じる
⑦私は少なくとも自分が他人と同じレベルに立つだけの価値がある人だと思う
⑧もう少し自分を尊敬できたらばと思う
⑨どんなときでも例外なく自分も失敗者だと思いがちだ
⑩私は自身に対して前向きの態度をとっている

このうち、②⑤⑥⑧⑨は逆転項目といって、「あてはまらない」と答えた場合に自尊感情得点が高くなる。つまり、項目①③④⑦⑩は、あてはまれば自尊感情得点は高くなり、あてはまらなければ自尊感情億点は低くなる。反対に、項目②⑤⑥⑧⑨は、あてはまれば自尊感情得点は低くなり、あてはまらなければ自尊感情得点は高くなる。

ここまでの解説を読んでも、自己肯定感がどういうものなのか、今ひとつ実感が湧か

ないという人も少なくないはずだ。そのような人も、これらの項目を見ながら、自分はどうなのだろう、身近なあの人はどうなのだろう、などと考えてみることで、自己肯定感が高いとか低いとかいうのがどういうことなのか、少しは実感が湧いてくるのではないだろうか。

自尊感情尺度には文化的要因が反映されない

このローゼンバーグの自尊感情尺度には、日本文化にはなじまない項目が含まれているという問題がある。僕は、人間心理の研究においては文化的要因を考慮すべきであると常々主張してきたが、自尊感情尺度も例外ではない。

僕は、10代から90代の人たちを対象に、これまでの人生を振り返りながら語ってもらう自己物語法面接というのを行ってきた。その際に自尊感情尺度も実施していたので、その経験に基づいて、学会シンポジウムや論文において、話していて得られる印象と尺度得点との間に乖離《かいり》があるのではないかという疑問を提起してきた。

たとえば、自尊感情尺度で自尊感情得点が高いとみなされる人が、必ずしも面接において自己信頼を感じさせる人物でなかったり、面接で自己信頼を感じさせる人が、必ずしもこの尺度で自尊感情得点が高くなるわけではなかったりする。面接の印象と尺度得点との間に矛盾がある。

そうした事例を踏まえて、自尊感情を測定する際には、謙遜の美を意識させる日本文化の特徴といった文化的要因を考慮する必要性を指摘してきた。

たとえば、自尊感情尺度の得点の低い人が、面接では、謙遜しつつも落ち着いた自信を感じさせたり、前向きの姿勢を感じさせたりすることがある。逆に、自尊感情尺度の得点が高い人が、面接になると、自分を振り返る姿勢が感じられなかったり、虚勢を張るなど自己防衛的な尊大さを感じさせたりすることがある。

なぜそのような矛盾が生じるのか。具体的な項目をみながら考えていきたい。

謙虚さを重んじる日本文化のもとで自己形成してきた僕たちは、項目①のように「すべての点で自分に満足している」などと胸を張って答えられるだろうか。そんな傲慢な態度は取れないと思い、この項目を否定すると、自尊感情は低くなってしまう。

僕は、10代の頃はもちろんのこと、今であっても、この項目を肯定することなどできないし、これを肯定するような人は相当うぬぼれが強いのではないか、あるいは向上心というものが欠けているのかなと思わざるを得ない。

さらには、謙虚さを失わないようにしたいという思いが強く、天狗《てんぐ》になってはいけないと思い、項目⑤「私にはあまり得意に思うところがない」を肯定すると、ますます自尊感情は低くなってしまう。

さすがに10代の頃の僕でも、得意に思うところがまったくなかったわけではないが、得意に思うところがたくさんあったわけでもないので、全面的な肯定でも全面的な否定でもない中間的な回答をしていただろう。だが、非常に謙虚で自分に厳しい人なら、周囲からみて優れた面があるにもかかわらず、この項目を肯定するかもしれない。

また、項目②「私は時々、自分がてんでだめだと思う」や項目⑥「私は時々たしかに自分が役立たずだと感じる」を読んで、いつも自分がうまくやっているとも思えないし、てんでだめだと思うこともあるなあ、自分が役に立っていると思うこともあるけど、役に立てず申し訳なく思うこともたしかにあるなあ、などと謙虚さをもって遠慮気味にこれらの項目を肯定すると、よりいっそう自尊感情は低くなってしまう。

10代の頃に限らず今でも、僕は自分はダメだなあと思うことがあるし、こういった点では役に立っていないなあと感じることもあるので、これらの項目を肯定するだろう。日本文化のもとで自己形成してきた人たちは、このように謙虚に自分を振り返り、自分に対して厳しい目を向けるため、概して自尊感情得点は低めになりがちなのである。

自己肯定感尺度の開発と自己満足の意味

自分自身を肯定的に受け止めるかどうかという問題は、長らく自尊感情という用語のもとに研究が行われてきたが、2000年代になって自己肯定感という用語も使われるようになり、今では自己肯定感という用語の方が世の中に広まっている。

研究仲間の田中道弘《たなかみちひろ》は、ローゼンバーグの自尊感情尺度を踏まえつつ、自己肯定感尺度を開発している。それは、当初つぎのような9項目で構成された。

①私は、自分のことを大切だと感じる
②私は、時々、死んでしまった方がましだと感じる

③私は、いくつかの長所をもっている
④私は、人並み程度には物事ができる
⑤私は、後悔ばかりしている
⑥私は、何をやっても、うまくできない
⑦私は、全体的には自分に満足している
⑧私は、自分のことが好きになれない
⑨私は、物事を前向きに考える方だ

このうち、②⑤⑥⑧は逆転項目で、「あてはまらない」と答えた場合に自己肯定感得点が高くなる。つまり、項目①③④⑦⑨は、あてはまれば自己肯定感得点は高くなり、あてはまらなければ自己肯定感得点は低くなる。反対に、項目②⑤⑥⑧は、あてはまれば自己肯定感得点は低くなり、あてはまらなければ自己肯定感得点は高くなる。

ただし、この尺度の改訂版では、項目⑦が削除され8項目構成になっている。なぜ項目⑦が削除されたのか。ここにも「自己肯定感は高い方がいい」と単純化することのいかがわしさが窺《うかが》われる。

項目⑦の「全体的には自分に満足している」というのは自己肯定の指標になるし、自分に満足していないなら自己肯定ではなくなる。では、なぜこの項目が削除されたのだろうか。その理由は、この項目が自分にあてはまらないとした人の思いにある。

この項目が自分にあてはまらないと答えた人たちにその理由を尋ねた結果、「自分に満足してしまったら、今後の成長が望めない」などの前向きの回答が多かったのだ（あてはまらないと答えた人の3割以上）。そうなると、この項目があてはまらないからといって自己肯定感が低いとみなすわけにはいかない。

ローゼンバーグも自尊感情には向上心も含まれると言っていたが、この自己肯定感尺度開発にあたっても、向上心が強いために現状に満足していない状態を自己肯定感が低いとみなすのはおかしいという問題が浮上してきたのである。

国際比較調査における自己肯定感のとらえ方

このようにみてくると、自己肯定感という言葉ばかりが独り歩きしているけれども、それをとらえるのは容易でないということがわかるだろう。

向上心が乏しいと自分の現状に満足と答えやすい。向上心が強いと自分の現状に満足とは答えにくい。そうなると、自分に満足していることを自己肯定感の指標とするのは適切でないと言わざるを得ない。

日本の若者の自己肯定感が低いのは問題だとされ、漠然と自己肯定感が高くないといけないと思い込まされている若者が多いようだが、自己肯定感が高いというのはどんな心理状態を指すのかをきちんと理解する必要がある。

自己肯定感を高めることが大切だということが教育現場でも言われ、本や雑誌記事、ネット記事などでも、自己肯定感を高めよう、そのためにはこうしよう、といったアドバイスが説かれたりしているが、そうした言葉に安易に乗せられないように注意したい。そのような提唱をしている人自身が、自己肯定感とは何なのか、自己肯定感が高いというのはどういう心理状態を指すのか、そもそも自己肯定感はどのように測定されているのか、といったことをきちんと理解していないことも多いのである。

そもそも日本の若者の自己肯定感が欧米の若者に比べて著しく低いとされる根拠その

ものがじつに怪しい。多くの場合、各種国際比較調査のデータが、日本の若者の自己肯定感の低さの証拠として引き合いに出されている。だが、その種の意識調査では、自己肯定感のとらえ方がよりいっそう単純化されている。

では、各種国際比較調査において、自己肯定感はどのように測定されているのだろうか。そこを改めて確認しておくことにしたい。

内閣府が2013年に実施した「我が国と諸外国の若者の意識に関する調査」では、「私は自分自身に満足している」という項目で自己肯定感が測定されている。この項目を肯定する若者の比率は、アメリカ86・0%、イギリス83・1%、ドイツ80・9%、フランス81・7%というように欧米諸国は8割を超えているのに、日本は45・8%とほぼ半分の比率となっている。この数値の低さが問題視されている。

内閣府が2018年に実施した「我が国と諸外国の若者の意識に関する調査」でも、「私は自分自身に満足している」という項目で自己肯定感が測定されている。この項目を肯定する若者の比率は、やはり欧米諸国は8割を超えているのに、日本は45・1%とほぼ半分の比率となっている。

こうした数値をもとに自己肯定感の低さが問題視され、自己肯定感を何とか高めようという働きかけが盛んになされているにもかかわらず、日本の若者の数値はこの5年間でまったく変わることなく45%台に止《とど》まっている。

だが、問題はそこではない。自己肯定感の測定の仕方だ。「私は自分自身に満足している」という項目のみで測定しているのである。前項で指摘したように、向上心が乏しい方がこの項目を肯定しやすいということもあり、この項目では自己肯定感をとらえきることはできないはずなのだ。さらには、謙虚さを美徳とする日本の文化的背景もある。したがって、この国際比較調査のデータから日本の若者の自己肯定感が低いとみなすのは妥当とは言えない。しかも、文化的背景を考慮すれば、日本の若者の数値が極端に低いのは当然のことと言える。

国立青少年教育振興機構が2017年に実施した高校生の意識調査（日本・アメリカ・中国・韓国）では、「私は価値のある人間だと思う」および「私はいまの自分に満足している」という項目で自己肯定感が測定されている。その結果、「私は価値のある人間だと思う」を肯定する比率は、アメリカ83・8%、韓国83・7%、中国80・2%であるのに対して、日本は44・9％と極端に低くなっている。「私はいまの自分に満足している」を肯定する比率も、アメリカ75・6％、韓国70・4％、中国62・2％であるのに対して、日本は41・5％となっており、やはり極端に低くなっている。

この調査データも日本の若者の自己肯定感の低さの証拠として引き合いに出されることが多いが、向上心や文化的背景を考慮すれば、日本の高校生の数値の低さが問題だと決めつけるのは妥当とは言えない。このような項目だけで自己肯定感をとらえられると考えること自体が問題だと言わざるを得ない。

自己嫌悪は向上心のあらわれでもある

自己肯定感という言葉が広まりすぎたためか、自分の現状に批判的な目を向けることの大切さが見逃されているように思われてならない。

子どもから大人への移行が始まる思春期は、心が揺れ動きやすい時期だと言われる。自我の目覚めなどと言われるように、自分の内面に目が向くようになり、自分に対して評価的な感情を抱くようになる。

周りの同級生たちと比べて自分の未熟さや根気のなさを感じて自己嫌悪に陥ることもある。認知能力の発達により、自分を強烈に意識するようになり、こうありたい自分、いわゆる理想自己を思い描き、それと比べて現実の自分の至らなさを感じ、自己嫌悪に陥ることもある。

このような他者との比較による自己嫌悪も、理想自己と現実自己の比較による自己嫌悪も、認知能力の発達と向上心によるものであり、けっして否定的にとらえるべきではない。

他人のことは気にしないようにといったアドバイスがなされることがある。他人のことばかり気にして、「それに比べて自分は……」と落ち込みやすい人へのアドバイスとしては適切かもしれないが、他人と比べないと自分のどこがまずいのか、自分のどんな点を改善すればもっと望ましい方向に変わっていけるか、などといった気づきが得られないということもある。

他の人と比べることを心理学では社会的比較というが、それは必ずしも否定すべきでなく、役に立つこともあるのだ。他人の動向を気にしないことで成長が止まってしまうという可能性も忘れてはならないだろう。

たとえば、幼い頃、友だちが困っている別の友だちに声をかけるのを見て、「あんなふうに声をかければいいんだな」と学んだり、友だちがケンカ相手と仲直りしたのを見て、「ケンカになったときはあんなふうに仲直りすればいいんだな」と学んだりというように、他の人の言動を参考に自分の未熟さを改善していくことができる。学校の成績が思うように良くならないときなども、成績の良い友だちの勉強への取り組み姿勢を見て、自分の勉強への取り組み姿勢を修正していくことができる。

理想自己と現実自己の関係についても、そのギャップが大きいと、そのことを気に病むせいで情緒不安定になりやすいから、ギャップは小さい方がいいと言われたりする。ギャップを小さくするには、高い理想で自分にプレッシャーをかけたりせず、また現実の自分に批判的な目を向けずに、そのままの自分を受け入れることが大切だ、などといったアドバイスがなされたりする。

でも、そんなことをしていたら自分を高めることができず、成長が止まってしまう。理想自己で自分にプレッシャーをかけず、現実自己に厳しい目を向けないというのでは、すぐに諦めたり誘惑に負けたりして勉強や部活をさぼってしまう情けない自分のままでいい、責任を果たさず周囲の人に負担をかけ甘えてばかりの自分のままでいい、友だちに対する思いやりがなく自己チューな言動が目立つ自分のままでいい、というようなことになってしまう。

理想自己と現実自己のギャップが大きい人の方が、情緒不安定だったり劣等感に苛《さいな》まれたりと不適応傾向がみられがちであるとする調査結果が報告されているのも事実である。しかし、それは理想自己と現実自己のギャップの大きさを本人が否定的に受け止めているからではないのか。

理想自己と現実自己のギャップに悩み、「自分はダメだ」と自己嫌悪に陥っている人に対しては、ギャップの大きさは理想が高いからであり、自己嫌悪は向上心のあらわれなのだということ、さらには自分に甘く自己嫌悪しない人よりも成長する可能性が高いということを教えてあげればよい。

たしかに理想自己とかけ離れた現実の自己を実感して自己嫌悪し、ひどく落ち込むこともあるかもしれない。それによって一時的に情緒不安定になるなど不適応徴候を示すこともあるだろう。それが常態化したら問題だろうが、多くの場合はそこまで深刻にはならない。万一の場合に備えて、理想自己と現実自己のギャップのもつ肯定的な意味を知っておくことが大切だ。

見逃してはならないのは、理想自己と比べてはるかに及ばない現実自己に対して感じる不満には、むしろ成長のバネになるといった側面があるということだ。理想自己とのギャップを少しでも埋めようと努力することが自己形成そのものであり、現実自己の成長をもたらす。その意味では、理想自己と現実自己のギャップによって感じる自己嫌悪は向上心のあらわれとみなすこともできる。

現実自己が成長すれば、理想自己はよりいっそう理想的な位置に掲げられることになるので、理想自己と現実自己のギャップはあるのが普通だ。このギャップがほとんどなく、自己嫌悪を感じることもないとしたら、その方が無気力で精神的に不健康とみなすべきではないだろうか。

自分に満足できない心理についての理解が救いになる

自分自身に満足できず、自己嫌悪に陥っている若者は少なくない。でも、これまでにみてきたように、自分に満足できないことにも自己嫌悪にも向上心のあらわれといった側面があることを知れば、気持ちが萎縮せずにすみ、前向きに自己形成していくことができるだろう。

実際、僕がそのような話をしたことで、多くの学生が萎縮した心がほぐれ、前向きの気持ちになったと報告してくれた。ここで、いくつかの声を紹介しておこう。

「最近は、自分の現状や将来について悩むことが多く、自己嫌悪になることもよくあったけど、今回の話を聴き、それには向上心が働いているのだということがわかったので、これからはあまりネガティブになりすぎず、自己嫌悪になるのも自分が成長できるチャンスととらえて、ポジティブに身構えて行こうと思った」

「高校時代も、大学に入ってからも、自分には何ができるのか、何もできることがないんじゃないかって、将来を悲観して自己嫌悪に落ちることがあった。そんなときは、心理的に不安定になり、周りの人たちの様子が気になり、自分は何してるんだろうって、自分が嫌になることもあった。でも、それは青年期にだれもが乗り越えるべき壁なんだと知り、少し安心でき、気持ちが楽になった。その中でも、自己嫌悪に陥る自分は向上心があるんだと知ったことで、自分と向き合うことが怖くなくなった」

「思い返してみると、中学3年の頃から学校の友だちと自分を比べて、自分が劣っているところが見つかるたびに自己嫌悪になったりと、不安定な時期が続いていたように思います。そんな自分はおかしいんじゃないかと思ったり、こんなダメな自分は嫌だって思ったりして、苦しいこともありました。でも、今回の話で、青年期はそんなふうに不安定になりがちな時期だと知り、自分が嫌なのも向上心のあらわれでもあることを知れて、けっこう自分も成長に向かってもがいてるんだって思えて、気持ちが楽になりました」

「自分が嫌になり、投げやりな気持ちになることがあり、自分はダメだと決めつけていたけど、今回の話を聴いて、自分は理想自己というものを心の中でイメージしていて、常に向上心をもって生活しているんだと気づいた。勉強やスポーツ、そして趣味においても、目標とのギャップに苦悩することが多々あるのだけど、どれだけ自分を成長させることができるかを常に頭のどこかで考えていることに気づけたので、とても勇気が湧いてきた」

「今回の話で、不安や自己嫌悪など、自分自身にも当てはまることが多くてびっくりしました。自分は何にもなれないんじゃないかという不安を感じ、自己嫌悪することがよくあります。でも、これからは、もっと前向きに悩むようにしようと思いました」

「他人と比較して自己嫌悪になることがよくあります。他人と比べて自分はダメだと思う自分がほんとに嫌いです。でも、今回の話で、自己嫌悪は向上心のあらわれだと言われて、それによって自己嫌悪が少しプラスのイメージに変わったような気がします。ただ、その自己嫌悪した部分について、どう改善すればいいかわからず、考えるのをやめて曲を聴くことに逃げることが多いです。でも、これからは逃げずにちゃんと自分と向き合い、自分はどうありたいのかよく考えたいと思います。苦しいけれど、それはとても大切で、自分のためでもあるので、少し頑張ろうと思いました。こんなふうに自己嫌悪に悩むのは自分だけだと思っていたので、少し安心しました。安心することではありませんが」

「何の疑問ももたずに学校に行き、ただ授業を聴いてるだけの日々が続き、ふとひとりになったときに、今後の自分に不安を抱く。将来に漠然と不安、焦り、迷いを感じ、思いつめ、自己嫌悪してしまう。そんな自分が嫌でたまらなかったけど、でもこれは自分だけでなく、だれもが通る道であり、通らなければいけない道なのだとわかった。今まではただの自己嫌悪で終わってしまっていたけど、今後はただの自己嫌悪で終わらせることなく、自分の成長への一歩と思い、ちゃんと考えてみるようにしようと思った」

国際比較調査のデータが意味するもの

ここで改めて、「日本の若者の自己肯定感が低いのは問題だ」「欧米の若者のようにもっと自己肯定感を高めないといけない」と言われることの問題点について考えてみたい。

国際比較調査の結果をみれば、欧米の若者と比べて日本の若者の自己肯定感得点が低いというのは事実である。

問題はその先だ。日本の若者の自己肯定感をもっと高めなければならないとするところが問題なのだ。そうした議論は、自己肯定感が高い欧米の若者は素晴らしい、自己肯定感が低い日本の若者は好ましくない、といった評価を前提としている。果たしてその前提は正しいだろうか。

これまでに検討してきたことを思い出してほしい。そうすれば、その前提自体が誤りであることがわかるはずだ。

「私は自分自身に満足している」とか「今の自分に満足している」といった項目を肯定すれば、自己肯定感得点は高くなる。しかし、向上心が強く、「このままの自分ではダメだ」「もっとマシな自分にならねば」「意志の強い自分にならなければ」「思いやりのある人間になりたい」「もっと協調性を身につけないと」「もっと勤勉な自分になる必要がある」などといった思いが強ければ、「私は自分自身に満足している」「今の自分に満足している」などとは答えにくい。そうすると自己肯定感得点は低くなる。

自分に甘ければ得点が高くなり、自分に厳しく向上心が強いと得点が低くなる。そんな自己肯定感得点に振り回される必要があるだろうか。自分に甘くなれば自己肯定感得点を高めることはできるが、それでいいのだろうか。

「そのままの自分でいい」「無理しなくていい」という癒しのメッセージもよく耳にす

るが、それは緊急事態に適用されるべきもののはずだ。通常時には、多少の無理をしてでも成長を目指し、今の自分を脱していく必要がある。

たとえて言えば、スポーツ選手に対して、怪我をしているときには「無理をしなくていい」というアドバイスは妥当だが、通常時には無理をして筋力を鍛えたり持久力を鍛えたりしないと力をつけることができない。それと同じで、落ち込みすぎて苦しんでいるときは、「そのままの自分でいいんだよ」「これじゃダメだって苦しんでいる自分の向上心の強さを認めてあげよう」などといったアドバイスで気持ちを落ち着かせることが必要だが、通常時には今の自分に足りない点を自覚し、そこを改善したり補強したりすべく努力する必要があり、そうした姿勢を後押しすべきだろう。

このように考えると、自分の現状に満足せずに、「まだまだ自分は未熟で至らないところの多い人間だ」と思い、「自分自身に満足している」とか「今の自分に満足している」といった項目を否定するのは、けっして悪いことではない。

むしろ、そうした項目を肯定してしまう欧米の若者の方が、自分に甘く、向上心が乏しくて、好ましくないと言ってもよいくらいだ。自己肯定しないと生き抜いていけない欧米社会の文化的背景を考慮すれば、べつにそうした回答傾向を批判する必要はないわけだが、少なくとも日本の若者が萎縮する必要はない。

自己肯定したがる欧米人、周囲に溶け込みたがる日本人

心理学者のクロッカーとパークは、自尊感情の追求はけっして普遍的な人間の欲求ではなく文化的現象だと指摘する。その証拠として、日本人は他者との関係や結びつきに重きを置き、目立つことよりも溶け込むことを重視するという心理学者ハイネたちの知見をあげている。

そして、日本人は、アメリカ人のようには自尊感情を維持し、守り、高揚させようとするようには見えないし、自尊感情の追求に多くのコストを払うことはないという。さらには、アメリカ人が自尊感情の追求によって不安を軽減することに大きなコストを支払うように、日本人は周囲に溶け込むことによって不安を軽減することに大きなコストを支払うのではないかと論じている。

これは、まさに僕たち日本人が日頃から実感していることではないだろうか。僕たち

は、自信たっぷりに振る舞って自分を押し出すよりも、相手にプレッシャーを与えたり相手を傷つけたりしないように心がけ、周囲から浮かないようにすることに心を砕く。ゆえに、自己肯定にこだわる必要はないし、あまり自己肯定するとかえって周囲に溶け込みにくくなる。

アメリカ人をはじめ欧米の人たちの言動をみていると、その自信にあふれる様子に圧倒されることもあるかもしれないが、根拠なく自信満々な様子や他人の気持ちに無頓着に自己主張する姿に呆《あき》れることもあるはずだ。そこまで他人を見下し、自己肯定するのは、何とも見苦しいと感じることもあるのではないか。でも、そうしないと生きていけない社会なのである。

クロッカーたちは、何かがうまくいかなかったりして自尊感情が脅威にさらされると、自尊感情の高い人は他人の価値をおとしめてでも自分の価値を回復しようとすることを実証している。他人を引きずりおろしてでも、自分の価値を高めて、自尊感情を何としてでも高く維持しないとやっていけないのだ。

それに対して、日本では、自信たっぷりに見せたり、自己肯定して自分を際立たせたりしなくても、十分に生きていける。大事なのは、周囲に溶け込み、みんなとうまくやっていくことなのである。そのため、自己肯定するよりも、周囲の人たちと協調し、良好な人間関係を築くことにエネルギーを注ぐことになる。自己を肯定するよりも、思いやりをもち、人と協調していくことが重んじられる。

こうしてみると、自己肯定感を高める要因が、欧米社会と日本社会では大いに違っているとみなすべきではないだろうか。

自己肯定感の高め方は文化により異なる

欧米では自己肯定を貫くことで自己肯定感が高まるのに対して、日本でそのようなことをしたら周囲から浮き、不適応感に苛まれ、かえって自己肯定感は低下してしまうはずだ。

僕たちは文化の衣を身にまとって生きている。自己肯定感というのは、属する社会の文化にうまく適応することによって高まっていくものなのではないか。そうであるなら、欧米人にとっての自己肯定感は自分を際立たせ自信満々に振る舞うことによって高まるだろうが、日本人にとっての自己肯定感は謙虚さを示し思いやりや協調性をもって周囲の人たちと良好な人間関係を築くことによって高まるのではないだろうか。

逆説的な言い方になってしまうが、日本人の場合は、ある種の自己否定が自己肯定感を高めるといった側面があるのではないか。

そうすると、国際比較調査の自己肯定感得点を根拠に、「日本の若者の自己肯定感の低さは問題だ」とみなしたり、「日本の若者の自己肯定感を何とかして高めないといけない」と考えたりするのは、大きな勘違いに基づくものと言わざるを得ない。

そうした勘違いによる教育政策が普及することで、せっかく内省能力があり、向上心もあり、思いやりもあり、周囲と協調しながら日本文化に適応している若者の心が、中途半端に欧米化することで、どの文化にも適応できないものにつくり変えられてしまう恐れがある。

ここまで理解できれば、「自分に満足」とは思えず、自己肯定感得点が低くなっても、「自分は自己肯定感が低いからダメなんだ」などと気に病む必要はないし、国際比較調査のデータをみて「日本の若者は自己肯定感が低いからダメなんだ」などと萎縮する必要もないことがわかるだろう。

「向上心溢《あふ》れる自分がここにいる。自分はこんなもんじゃない。もっと立派な人間になれるはずだ。ここで満足してしまったら成長はない。まだまだ成長できる。もっともっとマシな人間になれる。だから今の自分に満足だなんて答えることはできないんだ」といった感じに開き直ればいい。

このように考えると、ほめまくりによって自己肯定感を何とか高めようという近頃の風潮は、文化的要因をまったく無視して、自己肯定感得点に振り回されるばかりで、あまりにも見当違いだとしか思えない。実際、ほめまくりによって自己肯定感が高まる気配はみられない。それについては、つぎの第四章でじっくり検討してみたい。

第四章　ほめられても真の自己肯定感は高まらない

ほめる教育・ほめる子育て全盛の時代

子どもや若者の自己肯定感得点が低いことが問題視され、何とかそれを高めたいとして、教育評論家などにより「ほめる教育」「ほめる子育て」が推奨され、その際に欧米の親も教師もほめ上手だからそこからも学ぶ必要があるなどと言われ、ほめて育てるという風潮が世の中に広まっている。

そうした風潮が1990年代頃から全国に広まり、「ほめまくりの教育・子育て」全盛の時代になっていることを危惧し、警鐘を鳴らす本『ほめると子どもはダメになる』（新潮新書）を僕が刊行したのは、もう10年近く前のことになる。タイトルは僕が決めたわけではないので過激になっているが、要するにほめまくりの教育や子育てが横行し、それが望ましいことであるかのように多くの親が思い込まされていることの危うさを指摘したのだった。

それから10年近くになるが、事態はますます深刻化しているように思われてならない。児童虐待が目立つことから、それを何としても防がねばとのことで、虐待とは無縁の、子どもに社会適応力を身につけさせようという愛情に裏打ちされた厳しささえも禁じるような動きがあり、腫れ物に触るように子どもたちに関わらざるを得ない親や教師が増えている。それで子どもや若者の自己肯定感が高まるとでも思っているのだろうか。

ほめまくりの教育が推奨されるため、学校の先生も児童・生徒をほめることが多くなり、叱りにくい雰囲気になっているといった風潮については、第一章で校長先生のアンケート調査の結果も交えて指摘した。

学生たちに尋ねても、中学や高校で、ほめられることはあっても叱られることはほぼなかったという。叱られる経験の乏しい学生たちと、叱られることや注意されることについて話し合ったところ、正当な注意と頭ではわかっても感情的に反発する傾向や、叱責や注意が自己改善につながりにくい傾向があることがわかった。

「授業中、やる気のない態度を取ってたら、先生から注意されてムカついた」

とある学生が言うと、自分もそういうことがあるという者が何人かいた。そこで、

「だけど、授業中にやる気のない態度を取っていたら、注意されて当然なんじゃないの？」

と問いかけると、

「そうかもしれないけど、やっぱりムカつくよなあ」

と仲間の方を向いて同意を求めると、何人かが頷《うなず》く。

「でも、自分の態度が悪いわけだよね？」

とさらに問いかけると、

「そう言われればそうですけど、注意されたときは、やっぱり感情的になっちゃいますよ」

と言い、隣にいた学生も、

「先生だって授業で言ってるじゃないですか。人間は理屈で動くんじゃなくて感情で動く面が強いって。注意されればだれだってムカつきますすよ」

と畳みかけてくる。どちらの学生にも、注意された自分が悪いという実感はあまりないようなのだ。そのあたりを再度確認すべく問いかけてみると、わりといつも冷静にものを言う学生が、自分たち世代の置かれた状況をつぎのように説明した。

「先生たちの時代と違って、これまでに怒られたことがあまりないからじゃないですか。明らかに悪いことをしても、学校の先生に怒られるっていうことはほとんどなかったから、怒られるっていうことにすごく抵抗があるんですよ」

それに呼応するように別の学生も、

「そうなんですよ。僕たちは怒られたことがないから。バイトでも、ミスをして怒られるたびに我慢できなくて辞めてる友だちもいるし」

と身近な例を出して自分たちの心理状況を説明した。たしかに自分の周囲にもそういう友だちがいるという者が多く、やはり叱られ慣れていないと、たとえ自分が悪くて注意されたのであっても、感情的に反発してしまうのだろうということになった。

さらには、学校では遅刻したり態度が悪かったりしてもあまり叱られなかったから、叱られたときに何が悪いのかがわからないということもあるのではないかという意見も出た。

「私も、友だちを見ててそう思います。バイトで遅刻して、先輩からめっちゃ怒られてキレたっていう友だちがいるんですけど、これまで遅刻したってたいして怒られなかったから、遅刻するのがそんなに悪いことだって思ってないんだと思う」

そのような意見を聞いていて、注意されたり叱られたりすることに慣れていないと、「注意や叱責＝攻撃」といった印象になってしまうのかもしれないと感じた。そのため、「注意や叱責＝気づきを与えてくれる、行動修正のきっかけになる」といった発想にならずに、「注意や叱責＝攻撃してくる、自分を否定してくる、感じが悪い」といった感情的な受け止め方になり、反発してしまうのだろう。

このような学校時代を過ごすため、就職してからも注意や叱責に傷つきやすい若者が多い。注意や叱責だけではなく、アドバイスにさえ傷つき、反発したり落ち込んだりする。「こうすればもっとうまくいく」といったアドバイスも、自分のやり方を否定されたと感じるのだろう。

20代から50代の会社員700人に実施した僕たちの調査でも、「年長者からアドバイスされて、うっとうしいと思うことがある」という者が、20代でとくに多く3割を超えていた。まだ仕事に慣れずアドバイスが必要な若年層に年長者のアドバイスに反発する者が多いのだ。さらに、「他人に批判されると、それが当たっていてもいなくても無性に腹が立つ」という者が、20代ではとくに多く、なんと45％だった。半数近くが、注意されたり叱られたりすると、たとえ自分に非があっても腹が立つというのだ。

そこで、企業などでも極力注意や叱責はせずに、とにかくほめようということになっている。でも、これでは若手をどう育てたらよいのかわからないと嘆く経営者や管理職も少なくない。

だが、若者にしても、このように腫れ物に触るように育てられることで自己肯定感が高まるのだろうか。何かにつけてほめてもらえれば嬉《うれ》しいかもしれない。でも、注意や叱責を糧にして成長することができない。気持ちもちょっとしたことで傷つきやすい。それではたして自己肯定感が高まるだろうか。

欧米の親や先生はほめ上手と言うが……

ここで、欧米の親や先生はほめ上手だからそこを学ぶべきといった論調がほめる教育・ほめる子育ての広まりを後押ししているのだが、そのように主張する教育評論家たちが見逃している点に目を向けてみたい。

それは、欧米の親も先生もたしかによくほめるかもしれないが、同時に極めて厳しい教育や子育てをしており、日本のように甘くないという点である。

たとえば、欧米の親をはじめとする大人は子どもに対して権力者として君臨している。その一端は、第二章の社会学者恒吉僚子《つねよしりょうこ》の体験談や東洋《あずまひろし》たちの日米比較研究のところでも示したが、もう少し詳しくみていこう。

たとえば、わが子が赤ちゃんの頃から、欧米の親は日本の親と比べてはるかに厳しく接していることを踏まえない議論が多いが、そこはきちんと踏まえておくべきだろう。

フランスの子育てについて解説したドラッカーマンの子育て本は、日本でも翻訳されて広く読まれたが、その中につぎのような記述がある。


「最初にアドバイスするのは、赤ちゃんが産まれたら、夜にすぐにあやすのはやめてください、ということです。赤ちゃんにすぐに応じずに、赤ちゃんが自力で落ちつくチャンスを与えてやる。産まれたばかりのときから、そうするのです」（ドラ

ッカーマン著　鹿田《しかた》昌美《まさみ》訳『フランスの子どもは夜泣きをしない――パリ発「子育て」の秘密』集英社　以下同書）

「フランス人は、赤ちゃんが途方もない苦痛に耐えるべきとは思っていない。だけど、多少のフラストレーションで子どもがつぶれるとも思っていない。むしろ、子どもがより安定すると信じている」

子どもの夜泣きに悩む日本の親にこの本がよく読まれているということをめぐって、フランス人ジャーナリストと話した際に、彼女は、フランスの赤ちゃんが夜泣きしないのは、何か子育てのコツがあるということではなくて、泣いてもあやしてくれないから単に諦めるだけだと言っていた。日本の親は、赤ちゃんが泣くのをあやさずにほっておけるだろうか。べつにフランス人の真似をする必要などない。これが文化的伝統の違いを端的に示す一例というわけだ。

もうひとつ具体例をあげておこう。アメリカの教育家ノルトの共著書『子どもが育つ魔法の言葉』は、日本におけるほめて育てる風潮の広まりに影響したとみなされているが、これをよく読むとけっしてほめて甘やかせと言っているのではない。ほめて育てるというよりも、言葉でほめながらも、愛情をもって厳しくしつけることを推奨しているように読み取れる。たとえば、つぎのような記述がある。

「一番大切なことは、親の同情を引けばわがままをとおせるのだと子どもに思わせないように注意することです」（ノルトとハリス著　石井千春訳『子どもが育つ魔法の言葉』PHP文庫　以下同書）

「約束事はきちんと守る——幼いころから身につけたこのような習慣は、子どもが難しい思春期に入ってからは特にものを言います。（中略）子どもと無理のない約束をし、その約束をきちんと守らせるのです」

「家庭内のルールを守る習慣がついていれば、子どもは学校や職場の集団生活でも、より順応性を示します。家庭内でルールを守らせるということは、子どもが社会の一員として生きてゆくうえで、とても大切なことです」

ただ、もともと子どもに厳しすぎる欧米の親向けであるため、ときに子どもに歩み寄ることも必要だと説いている。欧米の親は普段から毅然《きぜん》としており、子どもに対して絶対に譲らない権力者として君臨しがちなため、「できるだけ、事情が許すかぎり、子どもに歩み寄ってください」というように、衝突したときに一方的に突っぱねずに子どもの意見も尊重し歩み寄るようにとアドバイスしている。もともと子どもに歩み寄りがちな日本の親向けのアドバイスではない。

少し前の調査になるが、2004年から2005年に実施された国立女性教育会館による「家庭教育に関する国際比較調査」では、親が子どもにどのようなことを期待するかを調べている。その中の項目への反応をみると、「親のいうことを素直に聞く」ことを子どもに強く期待するという親は、日本ではわずか29・6%に過ぎないのに、フランスでは80・1%、アメリカでも75・2%というように、ほとんどの親が強く期待している。「学校でよい成績をとる」ことを子どもに強く期待するという親は、アメリカ72・7%、フランス70・1%なのに対して、日本では11・9%と著しく低くなっている。日本が子どもに対していかに甘いかを示すデータと言える。

このように、子どもに対して極めて厳しい社会でほめるのと、子どもに対して非常に甘い社会でほめるのとでは、当然ながらほめることの意味も効果も違ってくるはずだ。

そう考えると、厳しさの裏打ちがないままにほめまくりの方向にシフトした日本の今の教育状況は、子どもや若者の社会適応を促すように機能していないと言わざるを得ない。

社会に出てから厳しさに圧《お》し潰されないように心を鍛えたり、社会性をきちんと叩《たた》きこんだりしてもらえずに育ったのでは、社会の荒波を乗り越えてうまく適応していくのは難しいのではないか。社会にうまく適応できない若者の自己肯定感が高まるとは、到底思えない。

ほめる教育・ほめる子育てで自己肯定感は高まったか？

これまでに指摘してきたように、日本の若者の自己肯定感が低いのは問題だとすることも、欧米の親や教師のほめ上手に学んでほめて育てて自己肯定感を高めようというのも、ともに文化的伝統を踏まえない勘違いによるものと言わざるを得ない。

そのため、ほめて育てるといった風潮が広まり始めた1990年代以降、日本の若者の自己肯定感は高まることはなかった。親も保育者や教師も、ほめて育てるようにとの社会的圧力のもと、叱ることは極力避け、ほめるようにしてきたわけだが、むしろ思い通りにならないときの衝動コントロールがうまくいかずに、注意や叱責に反発したり極度に落ち込んだりと傷つきやすくなったり、「心が折れる」という言葉が広まったりするなど、自己肯定感が高まりにくい心理状況に陥る者が増えているように思われる。

いくつかの調査データをみても、けっしてほめて育てるようになってから自己肯定感が高まってきたとは言えない。

日本青少年研究所は、「高校生の意識調査」（日本・アメリカ・中国・韓国の比較調査）を定期的に実施している。その中に「自分はダメな人間だ」という項目がある。これが「よくあてはまる」と答えた日本の高校生は、1980年に12・9％だった。その頃は、ほめて育てる時代ではなかった。ほめて育てるといった風潮の中で育った者が高校生になっている2014年には、「よくあてはまる」という日本の高校生は25・5％であり、1980年の2倍に増えている。

「まあそう思う」も含めると、「自分はダメな人間だ」と思う日本の高校生は、201

4年には72・5%と7割を超えている。「自分はダメな人間だ」と答える者を自己肯定感が高いとみなすわけにはいかない。そうすると、いくらほめて育てても自己肯定感は高まらない、むしろ低下しているとみなさざるを得ない。

心理学者の小塩真司たちは、ローゼンバーグの自尊感情尺度を用いた過去の論文を集めて、自尊感情の平均得点が年代によってどのように変化してきたかを検討している。具体的には、1980年から2013年までの主な七つの学会誌の論文を調べて、時代とともに自尊感情の平均得点が上昇しているか、下降しているか、あるいはあまり変化がないかを確かめている。

その結果、中高生を対象とした39の調査研究の自尊感情平均得点は、時代と共に下降していた。つまり、中高生では、最近になるほど自尊感情得点は低くなる傾向がみられた。

大学生を対象とした131の調査研究の自尊感情平均得点も、時代と共に下降していた。つまり、中高生と同様に、大学生でも、最近になるほど自尊感情得点は低くなる傾向がみられた。

成人を対象とした67の調査研究の自尊感情平均得点も、時代と共に下降していた。つまり、中高生や大学生と同様に、成人でも、最近になるほど自尊感情得点は低くなる傾向がみられた。

これらに対して、高齢者を対象とした19の調査研究の自尊感情得点は、時代による変動はみられなかった。

1980年から2013年までの三十数年間の動きをみると、中高生や大学生といった若者の自尊感情の平均得点は低下しているのである。高齢者では変化はみられないものの成人ではやはり低下している。成人にはほめて育てられた世代が含まれている。

その後、2017年に国立青少年教育振興機構が「高校生の意識調査」（日本・アメリカ・中国・韓国の比較調査）を実施しているが、日本の高校生のデータをみると、「私は価値のある人間だと思う」を肯定する者は44・9%であり、過半数が否定している。この調査では、日常的な心情についても尋ねているが、日本の高校生のデータをみると、「落ち込む」という者は54・8%、「ものごとに集中できない」という者は45・6%、「なんとなくいらいらする」という者は45・4%となっており、半数前後がこうしたネガティブな心の状態に陥りがちであることがわかる。いくらほめて育てられ一時的に良い気分にさせてもらえたところで、なかなか日常的にポジティブな気持ちにはなれない。このように気分が不安定で、自分に価値を感じられない状態で、自己肯定感が高まるとは思えない。

内閣府が2019年に実施した「子供・若者の意識に関する調査」は、13歳〜29歳を対象としている。それによれば、「今の自分が好きだ」という者は46・5%、「今の自分に満足している」という者は40・8%となっている。自分に満足していないというのは向上心のあらわれといった面もあるので除外するとしても、自分が好きという者が5割以下だとすると、ほめて育てる風潮の中で自己形成してきた若者の自己肯定感はけっして高まっておらず、むしろ非常に低いと言わざるを得ない。

こうしてみると、ほめて育てるという風潮の中で育った若者の自己肯定感は、高まるどころか反対に低下していることがわかる。これは、ちょっとした注意や叱責に傷つきやすかったり、思い通りにならない状況で心が折れやすかったりする若者が増えているという、多くの人が抱いている日頃の印象と一致する結果と言ってよいだろう。

そうなると、ほめて育てれば自己肯定感が高まるはずという世間に広まっている見解は見当違いだということになる。

むしろほめて育てることで社会適応力が育ちにくくなり、自己肯定感をもちにくくなっているのではないだろうか。少なくとも、ほめて育てることで自己肯定感が高まるということはないようだ。ほめることが自己肯定感を高めることにはつながらないと結論づけてよいだろう。

では、ほめても自己肯定感が高まらないのはなぜなのか。その理由については、以下で詳しく検討していきたい。

なぜほめても自己肯定感が高まらないのか？

ほめられればだれだって嬉しいし、気分が良いものだ。でも、良い気分にしてもらえば自己肯定感が高まるのだろうか。

ほめられればうれしくて気分は高揚するかもしれないが、そういった一過性の気分の高揚と自己肯定感を混同すべきではない。自己肯定感というのは、ほめられれば高まり、叱られれば低下するというようなものではなく、もっと安定的なものとみなすべきだろう。

自己肯定感が低い者は、ほめられて一時的に気分が高揚しても、だからといって自己肯定感が高まるわけではなく、自分に対するネガティブな気持ちは変わらない。一方、自己肯定感が高い者の場合は、叱られて一時的に気分が落ち込んでも、だからといって自己肯定感が低下するわけではなく、すぐに立ち直って、自分に対するポジティブな気持ちは変わらない。自己肯定感というのは、そういうものなのではないか。

ここで、ほめても自己肯定感が高まるわけではないことの理由を四つあげておきたい。

第一に、ほめられることで守りの姿勢に入り、気持ちが萎縮するということがある。

ほめられることが自信になり、モチベーションも高まり、それが好循環をもたらすと考える人が多いようだが、ほめ方によっては逆効果になることもある。それを実証した実験もある。

心理学者のミューラーとドゥウェックは、10歳~12歳の子どもたちを対象に、ほめ方によってどのような効果の違いがあるかを調べるための実験を行っている。

まずはじめに知能テストのようなパズル解きのテストを実施した。テスト終了後に、すべての子どもたちは、「優秀な成績だった、少なくとも80％は正解だった」と伝えられた。そのパズルは簡単なものだったので、子どもたちはそのコメントを信じることができた。

その際、子どもたちはつぎの三つの条件に振り分けられた。

①こんなに成績が良かったのは「まさに頭が良い証拠だ」と言われる

②とくに何も言われない

③こんなに成績が良かったのは「一所懸命に頑張ったからだ」と言われる

つまり、条件①の子どもたちと条件③の子どもたちは、それぞれ異なる理由で良い成績が取れたと思い込まされた。これが重要な意味をもつ。

そうしておいて、つぎに別のテストに取り組んでもらうといって、二つのタイプのパズルの特徴を説明し、どちらのタイプのパズルをやってみたいかを尋ねた。

一方は、難易度が低く、簡単に解けそうなものだった。これを選べば、容易に解けそうなので、良い成績を取って自分の頭の良さを示せる可能性が高い。でも、あまりに簡単すぎて面白みに欠けるパズルだった。

もう一方は、難易度が高く、簡単には解けそうにないものだった。これを選ぶと、良い成績を取って自分の頭の良さを示すことはできないかもしれない。でも、チャレンジのしがいがあるという意味では面白そうなパズルだった。

このどちらを選ぶかを調べたところ、振り分けられた条件によって、これから取り組みたいパズルのタイプが違っていることがわかった。つまり、どんなコメントを聞かされたかによって、選ぶパズルのタイプが異なっていたのだ。

条件①の「頭が良い」とほめられた子どもたちでは、67％と大半が簡単なパズルの方を選んだ。条件②のとくに何も言われなかった子どもたちでは、簡単なパズルを選ぶものと難しいパズルを選ぶものがほぼ半々となった。条件③の「頑張った」とほめられた子どもたちでは、簡単なパズルを選んだものはわずか８％しかおらず、92％とほとんどが難しいパズルの方を選んだ。

このように、能力の高さをほめられた子どもと、努力したことをほめられた子では、正反対の選択傾向を示したのだった。この結果から言えるのは、ほめることがモチベーションに与える影響は、ほめ方によって違ってくるということである。

「頭の良さ＝能力」をほめられると、自分の能力の高さに対する期待を裏切りたくないといった思いに縛られ、もし期待を裏切ったらどうしようという不安に駆られて、確実に解けそうな易しい方の課題を選ぼうとする。つまり、守りの姿勢に入り、チャレンジがしにくくなる。

それに対して、「頑張り＝努力」をほめられると、自分は努力する人間だという期待を裏切りたくないといった思いに駆られ、つぎも頑張っている姿勢を見せなくてはということで、難しい方の課題を選ぼうとする。つまり、積極的にチャレンジしやすくなる。

このような結果から言えるのは、「頭の良さ」や「能力」をほめると守りの姿勢に入って気持ちが萎縮し、思い切ったチャレンジがしにくくなるということだ。ほめるなら「頑張り」や「努力」といった姿勢をほめる方が好ましい。「頭の良さ」や「能力」をほめられると結果を出すことにこだわってしまうが、「頑張り」や「努力」は結果でなく姿勢なので、そこをほめられても気持ちが萎縮することはない。

第二に、たいしたことをしていないのにほめられると、自分が軽くみられている、たいして期待されていないと感じ、かえって自信がなくなることがある。

頑張って壁を乗り越えたり、難しい課題を解決したり、何らかの成果を出したりしたときにほめられれば、単に嬉しくて気分が高揚するだけでなく自信になるだろう。たとえ成果につながらなくても、諦めずに頑張ったときにほめられれば、それも自信になるはずだ。

でも、とくに頑張ってないのにほめられたり、易しい課題を解決しただけでほめられたりしたら、「自分はあまり期待されていないんだ」とか「自分の実力はこんな程度だと思われてるんだ」などと感じて、かえって自信をなくすことにもなりかねない。これではほめられることで自己肯定感が高まるどころか、かえって低下してしまう。

あるいは、とくに頑張ってないのにほめられたり、易しい課題を解決しただけでほめられたりして、「こんなもんでいいんだ」と楽観することで、頑張る気持ちが薄れてしまうこともあるだろう。そうした適当な態度の自分に対してポジティブな気持ちをもつのは難しいはずだ。

第三に、ほめ方に操作性を感じると逆効果で、自己肯定感にはつながりにくいということがある。

操作性を感じるほめ方というのは、「ほめれば言うことを聞くはずだ」とか「ほめればこちらの印象が良くなるはずだ」「ほめればこちらに好意をもつはずだ」などといった利己的な動機が感じられるような、わざとらしいほめ方のことである。

第二の理由と多少重なるが、たいしたことをしていないのにほめられたりすると、「何か魂胆があるんじゃないか」といった疑念が生じたり、「気に入られようとしてもちあげてるんだな」「嫌われたくないだけじゃないか」などといった思いになり、ほめられても素直に受け止めることができない。これではいくらほめられたところで、自信にならないし、自分に対してポジティブな気持ちをもつということにはなりにくい。

印象を良くしたいとか嫌われたくないといった利己的な動機でほめてくる操作性を感じるのは気持ちの良いものではない。ほめることを求められがちな教育現場では、教師が無理やりにでもほめるということが行われている。そんな教師の姿勢に疑問を投げかける生徒もいる。それについては、項を改めて紹介することにしたい。

第四に、ほめる教育・ほめる子育てによって、常にポジティブな気分にさせられていると、ネガティブな状況に耐える力、いわゆるレジリエンスが鍛えられないということがある。

レジリエンスは、復元力と訳され、もともとは物理学用語で弾力を意味するが、心理学では「回復力」とか「立ち直る力」を意味する。

なかなか思い通りにならないとき、どうしたら打開できるかわからない困難な状況に追い込まれたとき、「どうしたらいいんだろう」と思い悩んだり、「もうダメだ、どうにもならない」と絶望的な気持ちになったりするかもしれない。

そこで問われるのがレジリエンスだ。困難な状況にあっても、心が折れずに適応していく力。挫折して落ち込むことがあっても、そこから回復し、立ち直る力。辛い状況でも、諦めずに頑張り続けられる力。それがレジリエンスである。

さまざまな定義を総合すると、レジリエンスは、強いストレス状況下に置かれても健康状態を維持できる性質、ストレスの悪影響を緩和できる性質、一時的にネガティブ・ライフイベントの影響を受けてもすぐに回復し立ち直れる性質をさすといってよいだろう。

このようなレジリエンスが欠けていると、困難な状況を耐え抜くことができない。そのようなときに口にするのが、「心が折れた」というセリフだ。レジリエンスの高い人は、どうにもならない厳しい状況に置かれ、気分が落ち込むことがあっても、心が折れるということはなく、必ず立ち直っていく。

どんなときも前向きに頑張ってきた人の心が突然折れることがある。「心が折れる」という言葉が、いつの間にか広く使われるようになってきたのは、時代状況が厳しくなって、頑張り屋だったはずの人の心が突然ダウンするといったことが頻繁にみられるようになったからとも考えられるが、その心の強さには、いわば弾力が欠けていたのだ。もっと幅のある生き方をしていたり、もっと柔軟な考え方ができたりすればよかったのだが、レジリエンスが鍛えられていないため、行き詰まったときに柔軟な対応ができず、心がポキッと折れてしまう。

そこで求められるのは弾力性や柔軟性、いわばしなやかさだ。ストレスがかかったり、逆境に置かれたりして、一時的には落ち込んだり、情緒不安定になったりすることがあっても、わりと早く立ち直れる。そんなしなやかさをもった強さがレジリエンスである。

レジリエンスが高ければ、心に強さだけでなく、しなやかさがあるため、どんなに大き

なストレスがかかっても、心が折れるということがなく、タフに乗り越えていけるのである。

このようなレジリエンスは、困難を乗り越える経験や厳しい状況を持ち堪《こた》える経験を積み重ねることで鍛えられるものであるため、ほめられて常にポジティブな気分にさせられていてはけっして鍛えられない。

適度に傷つくことで傷つきにくい心がつくられていく。傷つかないように配慮され保護されるばかりでは、かえって傷つきやすくなってしまう。困難や厳しい状況に耐えられない弱い心を抱えているようでは、自己肯定感が高まることはないだろう。

「なぜ先生は叱ってくれないの？」

ほめて育てる教育や子育てを受けている子どもたちが傷つきやすくなっているのは、多くの人が感じているはずだ。

ほめるばかりで叱らない教育や子育てにより、ちょっと注意されただけで感情的になって反発したりへこんだりする若者が増えている。いくら勉強しても成績が上がらないときや、いくら頑張って練習しても部活のレギュラーになれないときなど、だれだって落ち込むものだが、そこは何とか持ち堪えて前向きに頑張るしかない。でも、鍛えられていない心は折れやすい。

厳しく鍛えられていれば、欲求不満耐性が身についているため、困難な状況に陥っても諦めたりヤケになったりせずに頑張り続けることができる。

このように考えると、ほめて育てる親や先生はけっしてやさしい存在とは言えない。その子たちが将来困難に直面しても粘り強く乗り越えていけるように心を鍛えてあげようとしていない。そんなほめるばかりの教育や子育てに疑問や不満を抱く子どもや若者もいる。

「朝日新聞」の「声」という読者の投稿欄に、「なぜ先生は叱ってくれないの?」という14歳の中学生の投稿が掲載された。2016年7月31日のその投稿に対するコメントを求められた。

その後、同欄に僕のコメントと共に再掲載された投稿の概要は、つぎのようなものだった(「朝日新聞」2016年9月28日朝刊)。

「授業中、クラスメートが騒いでいた。先生がなだめるように言った。「ほら、おしゃべりはやめようね！」」

まるで小学校低学年への対応のようだと私は思った。もちろん騒いでいた生徒が一番悪いのだが、それをしっかり叱らない先生にも問題があるのではないかと思う。先生だって人間だから、叱りたくないのはわかる。生徒に良い印象を持たれたい気持ちもあるだろう。（中略）

でも、私はそういう先生が嫌いだ。多少やりすぎと言われても、生徒を第一に考え、本気で怒り、叱ってほしい。

私の両親の子ども時代、悪いことをすれば立たされ、竹定規でたたかれたと聞く。でも両親は感謝しているという。いつから先生は本気で叱らなくなったのだろう。

（中略）

先生、私たちを本気で叱って下さい。」

大人がなぜきちんと叱らなくなったか。そこに潜む利己的な思いを子どもたちはしっかり見抜いている。生徒のためではない、自分かわいさゆえに叱らなくなったのだ、といった疑念を抱いている。

僕が取材時に話した内容の要旨として掲載されたコメントは、つぎのようなものだった。

「大人が子どもを叱ることの重要さを訴えています。「ほめて育てる」が人気で、叱るのは不人気な時代。叱るにはエネルギーが要るし、嫌われるかもしれない。良い人と思われたいのが人情。先生なら保護者や管理職の目も気になる。事なかれになりがちです。

「心が折れる」という言葉がありますが、子どもの心は柔軟で、叱られても簡単に折れない。むしろ、叱られた経験がない子は打たれ弱く、傷つきやすくなり、きつい状況で頑張れない。そこに若者の生きづらさがあります。

「遅刻を叱られたからバイトをやめた」という学生さえいますが、これでは社会に出てから困ります。そうした若者が教師や親になり、「叱らない」教育が続く悪循環は避けたい。

大人は憎まれ役を買って出て叱るべきです。」（「朝日新聞」２０１６年9月28日朝刊）。

あれから何年も経つが、状況が好転する気配はなく、ますます厳しいことは言えず、ほめまくるしかない雰囲気になっている。この中学生は叱らない教師に対して「もっと本気で叱って」と要求しているが、これは親にもそのまま当てはまることだろう。

ある学生は、自分の親は、きついことを言ったり自分の考えを押しつけたりしないで、こっちの考えをいつも尊重してくれるのだけれど、壁になって立ちはだかってくれる感じがないのがちょっと淋《さび》しいという。

親が厳しくていちいちうるさいから嫌だという友だちがいたけど、どこか羨ましい思いがあった。自分の親は何でも甘いし、こっちの希望は通してくれて、本人は子どもに理解のあるやさしい親のつもりみたいだけど、何だか淋しかった、という学生もいた。

自分の親はやさしいのかもしれないけど、こっちの機嫌を窺《うかが》っているようなところがあって、何だか頼りない。親にはもっと堂々としてほしい。親が厳しく文句を言ったり叱ったりするという人は、そんな親に腹が立つことがあるかもしれないけど、そういう毅然とした親なら頼りがいがあって羨ましい。そのように言う学生もいた。

こちらの機嫌を窺っているような親が頼りないというのはもっともなことだ。親ならもっと堂々としていてほしいと思うだろう。そうでないといざというとき頼れない。

子どもから嫌われたくない。反発されたくない。理解のある親と思われたい。やさしい親と思われたい。そんな思いを抱く親が増えている。でも、そこには自分のためという利己的な思いしか感じられない。今は多少気まずいことになろうと、子どもの将来のために厳しいことも言わなければ、子どもが将来社会の厳しさに心がくじけないように心を鍛えてあげなくては、といった親心を込めた気概が感じられない。

そんな時代だからこそ、どんなに反発されようがこれだけは子どもにしっかり叩き込んでおかなくてはと、自分なりの考えや価値観を体当たりでぶつけてくる親や教師を子どもたちが求めているといったこともあるのではないか。

何でもほめるばかりでは社会性が身につかず、自分の衝動をコントロールする力も身につかない。そのため社会にうまく適応していくことができず、また思い通りにならない現実の荒波を力強く乗り越えていくたくましさもないため、気分が落ち込んだり、ときに心が折れて気力がなくなったりする。それで自己肯定感が高まるわけがない。

結局のところ、自己肯定感は、けっしてほめて育てることで高められるようなものではないのである。

ほめる教育・ほめる子育ては他人の評価に依存する心をつくる

ほめれば自己肯定感が高まるというのが大きな勘違いだということは、データでみても論理的に考えても明らかだということは、これまでの説明でわかってもらえたと思う。

ここでさらに示しておきたい注意点がいくつかある。まずは、ほめる教育・子育てによって他人の評価に依存する心をつくってしまうということがある。

ほめられればだれだって嬉しいはずだ。でも、いつもほめられていると、ほめられるのが当たり前となり、ほめてもらってもそんなに嬉しくなくなり、ほめてもらえないときに物足りなく思うようになる。

ほめられると気分が高揚し、ほめてもらえないと気分が上がらない。それは、まさに他人の評価に依存する心になってしまっているということに他ならない。そんなふうに他人の評価によって一喜一憂するようでは、いくらほめられたときは気分が良く自信を感じるといっても、けっして自己肯定感が高いとは言えない。

そのようにほめてもらえることでやる気になるという人は、自分の中にモチベーションを起動し維持していく心のシステムができていないのだ。できないことができるようになっていくのがモチベーションになる。わからないことがわかるようになっていくのがモチベーションになる。自分の成長を実感することがモチベーションになる。頑張っている自分を感じることがモチベーションになる。そういった自律的な心のシステムができていない。

「ほめられないとやる気になれない」という人もいるが、そんなふうに人からもち上げてもらえないとやる気になれない他者依存的で不安定な自分であっては、自己肯定感が高まることはないだろう。

「心が折れる」という言葉が広まり、ちょっとしたことで酷《ひど》く落ち込みやすい人が増えているのも、安定した真の自己肯定感が育っていないからではないのか。

SNS上の自分の投稿に対して「いいね！」を求めながら他人の反応を絶えず気にして、「いいね！」があまりつかないと落ち込んだり、自分の投稿を削除したりする。他人の投稿を見て、比較心理からみじめな気分になり、落ち込んだりイラついたりする。得意げな投稿をしている人物に対して攻撃的な気持ちが湧いたりする。

そんなふうにSNSによって承認欲求の虜《とりこ》になり、自慢気な投稿をしたり、他人の投稿にイラついたりするのも、安定した真の自己肯定感が育っていないからではないのか。

このように考えると、ほめて育てる風潮の中では、他人の評価に依存し、他人の評価に一喜一憂する心がつくられるばかりで、けっして安定した真の自己肯定感が高まることはないと言わざるを得ない。

自己肯定感は安定的なものであるはず

つぎに、自己肯定感というのは本来一時的なものでなく安定的なものであるはずだということがある。

自己肯定感について世間で言われていることを耳にするたびに違和感がある。「それが自己肯定感なのか？」「そんなものが自己肯定感なわけないだろう」といった疑念が湧いてくる。

たとえば、こんなことが言われたりする。

Aさんは、前のクラス担任はよくほめてくれたから自己肯定感が高かったのに、今度のクラス担任はあまりほめてくれないため、最近自己肯定感は下がり気味になっている。今のクラス担任はもっとほめてあげるべきだ。

B君は、勉強がよくできるため授業中にほめられることが多く、教室にいるときは自己肯定感は高く保たれているのに、部活では思うように力を発揮できず補欠的立場に甘んじているため、部活にいくたびに自己肯定感が下がってしまう。部活の顧問は、こういう生徒の自己肯定感を下げさせないように、頑張っている姿勢をほめるとか、もっとポジティブになれるような声がけをする必要がある。

Cさんは、親がよくほめてくれるそうで、家庭では自己肯定感が高いようなのだが、クラスの人たちに溶け込めず、友だちができないため、学校では自己肯定感が低くなってしまう。このような生徒には友だちづくりの支援など、学校でも自己肯定感が高くなるように支援してあげる必要がある。

たとえ成果が出なくても頑張っている姿勢を評価してあげるとか、孤立しがちな生徒の友だちづくりを支援してあげるというのは、とても大事なことに違いない。でも、ほめてもらえれば高まるけれどもほめてもらえないと低下してしまうようなものを自己肯定感と呼んでいいものだろうか。力を発揮できる場にいると高まり、力を発揮できない場に行くと下がってしまうようなものを自己肯定感と呼んでいいものだろうか。そんな疑問が拭えない。それが違和感の正体だ。

自己肯定感というのは、もっと安定的なものであるはずだ。

頑張ってもうまくいかなかったとき、一時的に気分が落ち込んでも、自己肯定感が高ければすぐに前向きに気持ちを切り替えられるが、自己肯定感が低いと「自分はやっぱりダメなんだ」といった気持ちになって酷く落ち込み、なかなか立ち直れない。ほめてもらえるような成果がなかなか出せないとき、自己肯定感が高ければ自分で自分を奮い立たせて頑張り続けることができるが、自己肯定感が低いとほめてもらえないことで心のエネルギーが枯渇してしまったかのように気力が萎え、頑張ることができなくなってしまう。

　このように、自己肯定感が高ければネガティブな出来事や状況も前向きに受け止めることができるけれども、自己肯定感が低いとネガティブな出来事や状況に押し潰されてしまう。自己肯定感というのは、そういうものであるはずだ。

　ほめられたり成果を出したりするなどポジティブな出来事や状況では高まるけどネガティブな出来事や状況では低下してしまうのが自己肯定感であるなら、自己肯定感が高いことに何の意味もない。ネガティブな出来事や状況になれば容易に低下してしまうのが自己肯定感なら、そんなものを追求する必要がなくなってしまう。

　ここで問題なのは、世間の多くの人たちばかりでなく教育評論家のような専門家でさえも、安定的な自己肯定感と一時的に上下する自己高揚感を混同していることである。

できれば上がり、できなければ下がる、それは自己肯定感とは言えない

　ほめられれば嬉しいし、気分が高揚する。何であれ、うまくできれば安堵《あんど》するし、自信になる。勉強、スポーツ、音楽・絵画等の芸術、何にしても、周囲の人たちよりも成

績が良かったり上手にできたりすれば、得意な気持ちになる。それが普通だ。

ところが、自己肯定感が低いと、ほめられても素直に受け止められなかったり、何かが上手《うま》くできても自信にならなかったり、成績が良いのに自信がもてなかったり、友だちから人気があるのに自分なんかに価値などないと思っていたりする。だからこそ、自己肯定感の低さが問題になるわけである。

あの子は勉強ができて素晴らしい成績なのに、なぜあんなに自信がないのだろう。あの子は性格が良いからみんなに好かれているのに、どうして自分に自信がもてないのだろう。あの子は運動神経抜群で体育でも運動会でも目立ってるのに、なぜか自信なげで卑屈に見える。あの子はいくらほめても、どうも素直に受け止めてくれない。このようにもっと自信をもっても良いのに自信がもてない事例に遭遇するときに、自己肯定感の低さという問題に直面する。

あるいは、このようなこともあるはずだ。勉強でも部活でも成果がなかなか出ないとき、もっと頑張らないとと粘り続けることができる子もいれば、すぐに「自分はどうせダメだ」と諦めてしまう子もいる。成績が良い方なのに自分の能力に自信がもてずモチベーションが低い子もいれば、成績はあまりパッとしないのだけど、モチベーションを維持して頑張り続けられる子もいる。このようにできるかできないかの問題ではないというときに、自己肯定感の問題が浮上するのである。

できる人は高いができない人は低い。それは能力やモチベーションの問題だ。できるから高いという子いるが、できるのに低いという子もいる。できないから低いという子もいれば、できなくても低くない子もいる。それはなぜかを考える際に浮上するのが自己肯定感の高低なのである。

勉強、スポーツ、芸術など、何にしても、成績が悪かったりうまくできなかったりして自信をなくしている事例ばかりをみていると、成績を向上させたりうまくできるように導いたりするにはどうしたらよいかということになるため、自己肯定感の本質を見失いがちだ。

でも、成績が良くなれば自信がつくし、うまくできるようになれば自信になるというのは、ごく当たり前のことだ。なにも自己肯定感などという用語をもち出すまでもない。

では、自己肯定感とはどういうものなのか。少し専門的な話になるが、自己肯定感の安定性についての心理学の世界における議論をみてみよう。

心理学の世界における自己肯定感の安定性についての議論

自己肯定感は、前述のように２０００年代になって使われるようになり、一気に社会に浸透した用語だが、心理学の世界では自尊感情として研究されてきた歴史があるので、ここでは自尊感情の安定性に関する議論を紹介したい。

心理学の草創期に定番の心理学テキストを刊行したジェームズは、自尊心＝成功／願望という公式を提示している。計画がなければ失敗もなく、失敗がなければ屈辱もない。ゆえに、自分に対する感情は、何になり何をすることに自らを賭けるかに依存する。つまり、自尊心とか自尊感情と言われるものは、願望を分母とし成功を分子とする分数によって決定される。

そうなると、自尊感情は、分子を大きくするだけでなく、分母を小さくすることによっても高めることができる。たとえば、失敗続きで成功の見込みが遠のいた場合は、願望水準を引き下げることで、自尊感情をかろうじて維持することができる。そこでジェームズは、だれでも自尊感情を自分でコントロールすることができるとしている。

でも、なかなか理屈通りにいかないのが感情の問題である。この公式によれば、成功によって自尊感情は高まるはずだが、客観的にみればもっと自分自身に満足していてもよいと思われる人が自尊感情の低さにひどく悩まされていたりする。願望水準が非現実的に高い場合はそれを引き下げればよいと理屈ではわかっても、そう思い通りには自己コントロールができない。そういったことは、けっして稀《まれ》ではない。

このことはジェームズも認めている。恵まれない境遇にあっても、いつも変わらぬ自負心をもっている人もいれば、社会的には立派に成功し、多くの人から尊敬されているにもかかわらず、たえず自分の力を疑っている人もいる。そうした現実を踏まえてジェームズは、自己に対する評価には自己に対する、満足や不満足の客観的理由とは無関係の、ある平均的な調子の自己感情があるとする。それが自尊感情ということになる。

このように、日々の成功や失敗、あるいはほめられる経験や叱られる経験とは無関係に維持される、各個人に固有の自尊感情の水準というものがあるように思われる。

ただし、成功した瞬間やほめられた瞬間に気分が高揚し、失敗した瞬間や叱られた瞬間に気分が沈み込むということがあるのも事実である。そうした気分の浮き沈みも自尊感情の揺れとみなし、自尊感情を安定的な側面と変動的な側面に分けてとらえようという立場もある。

心理学者のバトラーたちやリアリィたちによれば、自尊感情は特性的自尊感情と状態的自尊感情に区別してとらえることができる。特性的自尊感情とは、常日頃もっている持続的な自尊感情のことである。状態的自尊感情とは、個々の出来事によって変動する一時的な自尊感情のことである。

挫折や失敗は人生につきものだが、あらゆる状況を通して全般的に自尊感情を高く維持している人がいる。それに対して、自尊感情の水準が日頃から低めであり、個々の成功や失敗に関係なく、卑屈な態度を取ったり、防衛的な態度を保ち続ける人もいる。これが特性的自尊感情の違いということになる。つまり、前者は特性的自尊感情の高い人、後者は特性的自尊感情の低い人ということになる。

一方で、特性的自尊感情の高低にかかわらず、何らかの課題で成功したり、他者から肯定的な評価を受けたりすると、誇らしい気持ちが生じ、自尊感情が高まる。逆に、課題の達成に失敗したり、他者から否定的な評価を受けたりすると、挫折感が生じ、自尊感情が低下する。このように個々の出来事によって変動するのが状態的自尊感情である。

このような自尊感情を特性的なものと状態的なものに分けるとらえ方に疑問を突きつけるのが心理学者のブラウンたちである。ブラウンたちは、状態的自尊感情のような一時的な感情を自尊感情とみなすのはおかしいとする。

ブラウンたちは、持続的なものこそが自尊感情であるとみなし、一時的なものを自己価値感情として、両者を区別している。

ブラウンたちに先立つ知見として、キャンベルたちは、自尊感情の低い人は、自尊感情の高い人と比べて、日々の出来事をより否定的に評価し、自分にとって大きな衝撃を与えるものとみなす傾向があることを報告している。

そして、ブラウンたちは、成功時においても失敗時においても自尊感情の低い人より高い人の方が自分の出来をより肯定的に評価すること、また失敗は自尊感情の高い人より低い人において自己価値感情の低下をもたらすこと、さらに自尊感情の高い人と低い人の自己価値感情の差は成功後よりも失敗後に大きいことを見出《みいだ》している。

とくに最後の知見、自尊感情の低い人は高い人よりも失敗による影響を受けやすく、失敗によって自己価値感情を低下させやすいということは注目すべきだろう。失敗や叱責によってひどく落ち込む若者、傷つきやすい若者が多くなっているということは、自尊感情の低い若者が増えていることを意味する。

そして、ブラウンたちが自尊感情と自己価値感情を区別していることも注目に値する。これは、最近の自己肯定感をめぐる議論の迷走を読み解く鍵となる。

ブラウンたちによれば、自尊感情というのは安定したパーソナリティの一側面であり、自己価値感情というのは内的あるいは外的な出来事に反応して上昇したり下降したりする一時的な感情である。そして、自尊感情は、自己を誇りに感じたり、自己に満足したり、あるいは誇りを傷つけられたり、自己を恥じ入ったりといった自己価値感情をコントロールする役割を担っている。

自尊感情の高い人は、自己価値感情を高める術に長《た》けていることがブラウンやテイラーによって実証されている。つまり、自尊感情の高い人は、常に自己価値感情を維持ないし高めるようなやり方で、さまざまな出来事に反応することができる。そうした対処能力は、達成課題における失敗や対人関係における拒否といった否定的な結果に直面した際に、とくに威力を発揮する。そのような形で高い自尊感情は自己価値感情を保護もしくは回復すべく個人の感情生活を制御する役割を果たすのである。

だからこそ、自尊感情が高いこと、つまり自己肯定感が高いことに意味があるのだ。生きていれば思い通りにいかないことがいろいろあるもので、人生に挫折はつきものである。頑張ってもうまくいかないこともある。成果を出せたつもりなのに正当に評価してもらえないこともある。いくらわかってほしいと思っても、どうしてもわかってもらえないこともある。好きな相手に嫌われてしまうこともある。

そんなとき、酷く落ち込み、なかなか立ち直れないのは、自己肯定感が低いからだ。自己肯定感が高ければ、一時的に落ち込んでも、まもなく立ち直り、前向きの気持ちになれる。

このようにみてくると、ほめることで自己肯定感を高めようとか、やさしい課題で成功体験を与えることで自己肯定感を高めようなどというのが、いかに見当違いかがわかるだろう。自己肯定感というのは、そんなことで簡単に上昇するものではないし、嫌なことがあっても簡単に低下するものでもないのである。

では、高い自己肯定感を身につけるにはどうしたらよいのか。それについては第五章で具体的に解説することにしたい。

ほめられてばかりではメタ認知が機能しなくなる

さらには、ほめるばかりではメタ認知が機能しなくなるということがある。

メタ認知という言葉は馴染《なじ》みがないかもしれない。メタ認知とは、自分自身の認知活動についての認知である。つまり、自分が行っている認知活動を振り返り、問題点があればそこを改善していくことを指す。

勉強するのも認知活動だが、勉強に限らず何かを考えたり判断したりするのも認知活動である。そうした認知活動を振り返り、改善すべき点があれば改善していく。それがメタ認知の働きだ。

メタ認知は、メタ認知的知識とメタ認知的活動に大別できる。

メタ認知的知識というのは、勉強であればどうすれば効果的な勉強になるかについての知識、サッカーであればどうすればサッカーが上手になるかについての知識、ピアノであればどうしたら上手に弾けるようになるかについての知識、人間関係であればどうしたら人とうまくつき合っていけるかについての知識のことである。

メタ認知的活動は、メタ認知的モニタリングとメタ認知的コントロールから成り立っている。

メタ認知的モニタリングというのは、勉強であれば、授業中の取り組み姿勢を振り返ったり、宿題や予習・復習の取り組み姿勢を振り返ったりすることを指す。人間関係であれば、ふだんの友だちとの接し方を振り返ったり、友だちと気まずくなったときのことや仲が良かった友だちと疎遠になってしまったときのことを振り返ったりすることを指す。

そうしたモニタリングによって問題点が見えてきた場合に、そこを改善していくのがメタ認知的コントロールである。勉強であれば、より効果的な勉強の仕方にすべく授業中の取り組み姿勢を改善したり、宿題や予習・復習の仕方を工夫し改善したりする。人間関係であれば、友だちとうまくやっていけるように相手の気持ちをもっと考えるようにしたり、友だちと意見が違うときなどにものの言い方に気をつけるようにしたりと、友だちとの接し方を改善する。それがメタ認知的コントロールである。

メタ認知がとくに必要なのは、何かがうまく行っていない場合である。

たとえば、授業中は私語もせずにまじめにやっているつもりなのに成績が悪いとか、宿題はちゃんとやっているのに試験問題が思うように解けないというような場合、何か問題点があり、改善すべき点があるに違いない。そのような場合、授業中に先生から「頭ちゃんと働いてるか？　ボーッとしてるんじゃないぞ！」などと注意されれば、「そう言われてみれば、授業中ただボーッとしてるような気がする。おとなしくしてればいいってもんじゃない。ちゃんと考えながら聴いてないと」と反省し、授業中の取り組み姿勢を改善していくことができる。

なかなか友だちとうまくいかず孤立しがちな場合も、先生から呼び出され、「ふだんの様子を見てると、ちょっと自分勝手な行動や発言が目立つ気がするな。もっと相手の気持ちを想像しながらつき合っていかないといけないんじゃないか」などと注意を受ければ、「たしかにいつも相手の気持ちを想像しながらかかわるってことができてないかもしれないな。これから気をつけなくちゃ」と反省し、友だちとのかかわり方を修正していくことができる。

このように、メタ認知がうまく機能していない場合は、注意されることでメタ認知が活性化され、自分自身の問題点に気づき、それを踏まえて行動を修正することができる。

でも、「注意すると傷つけてしまう」「うっかり傷つけると厄介なことになるかもしれない」といった風潮のもと、至らないところがあっても注意されずほめられるばかりでは、元々メタ認知がうまく機能していない場合、そのままに放置されることになりかねない。それでは成長することができず、自己肯定感が上がることは期待できない。

ほめるばかりでは自己コントロール力が身につきにくい

前項では、ほめるばかりではメタ認知能力が鍛えられないということを指摘したが、非認知能力も鍛えられないということがある。

非認知能力については、第二章の欧米と日本の文化差に関連して少し触れたが、勉強でもスポーツでも人間関係でも、これがうまく機能しないとなかなかうまくいかないため、教育界でも注目されている能力である。

非認知能力というのは、自分をやる気にさせる力、忍耐強く物事に取り組む力、集中力、我慢する力、衝動的な言動を抑制する力、自分の感情表現を必要に応じて抑制する力など、知的能力に直接含まれない能力のことである。その中核となるのが自己コントロール力である。やる気を燃やす力、忍耐強さ、我慢する力、衝動的な言動を抑制する力、感情表現を抑制する力などは、いずれも自己コントロール力に含まれると言ってよいだろう。

このような自己コントロール力が高いほど、大人になってから健康度が高い、学歴が高い、収入が多い、人間関係が良好、犯罪を犯すことが少ないなど、人生がうまくいきやすいことが多くの研究によって示されている。

ところが、ほめる教育・ほめる子育てが広く行われるようになってから、自己コントロール力が身につきにくくなっているように思われる。

たとえば、小学校における暴力事件の急増がある。友だちから嫌なことを言われたり、嫌な態度を取られたりすると、怒鳴るように言い返したり、つい手を出したりしてしまう。先生から注意されると、泣きわめいたり、暴れたりしてしまう。そうしたキレやすい子どもたちの急増が大きな社会問題になっているのだ。

学校での暴力というと、かつては荒れる中学生などと言われ、中学校が飛び抜けて多かったのだが、このところ小学校における暴力件数が急増している。

小学校における暴力の発生件数は、２０１１年までは中学はもとより高校よりもはるかに少なかった。ところが、２０１２年から増え始め、２０１３年に高校を抜き、その後も急増し続け、ついに２０１８年には中学も抜いてしまい、さらに増え続けている。

小学校における暴力の発生件数は、２０１３年には1万８９６件だったのが、２０１６年に2万件を超え、２０１８年に3万件を超え、２０１９年に4万件を超え、２０２２年に6万件を超え、２０２３年にはとうとう7万件を超えている。これは、中学校の2倍以上、高校の13倍に相当する。２０１９年には高校の5倍として注目されたのだが、そのわずか4年後に高校の13倍である。いかに小学校における暴力事件が急増し続けているかがわかるだろう。

このところの小学校における暴力事件の急増には、ほめるばかりで厳しさを欠いた子育てや教育のせいで、自己コントロール力が育ちにくくなっていることが関係していると考えられる。衝動に駆られて怒鳴ったり暴れたりした後は、何とも後味が悪いものである。これでは自己肯定感が育まれるわけがない。

暴力に限らず、小1プロブレムなどといって、幼稚園から小学校への移行でつまずく子どもが多いことも問題になっている。授業にすぐに飽きてしまい、じっとしていられず、席を立ったり、歩き回ったりするだけでなく、教室の外に出て行ってしまったりする子もいるため、そのような子の後を追いかける補助教員を雇うこともあるほどだ。

自己コントロール力が身についていないと、さまざまな局面で社会適応に支障が生じる。前項でほめる子育てや教育によってメタ認知が鍛えられにくくなっていることを指摘したが、社会適応でつまずいてもメタ認知がうまく機能しないと、自分のどこに問題があるのかがわからず、改善ができないため、同じような失敗を繰り返す。これでは自己肯定感が高まるはずがない。

こうしてみると、ほめれば自己肯定感が高まるというのは、まったく的外れだったと言わざるを得ない。

第五章　ほんとうに大切なことに目を向けよう

ほんとうの自己肯定感とは？

前章では、自尊感情を個々の出来事によって変動する一時的な自尊感情（状態的自尊感情）とあらゆる状況を通して持続的・安定的な自尊感情（特性的自尊感情）に分ける立場を紹介すると同時に、個々の出来事によって変動するものを自尊感情に含めるべきでなく、後者こそが自尊感情だとする立場も紹介した。僕は、やはり後者こそが重要であり、それを自尊感情とみなすべきだと考える。本書では、自尊感情と自己肯定感を同じものとして扱うので、このことは自己肯定感にもそのまま当てはまる。

ほめられれば高まり、叱られれば低下し、何かがうまくいけば高まり、うまくいかないと低下するような一時的な気分の高揚を自己肯定感とみなすなら、そのようなものが高くても何の意味もない。いくら高めたところで、嫌なことがあればすぐに低下してしまうのだから。

一方、持続的・安定的な自己肯定感が高ければ、叱られたり失敗したりといった否定的な出来事による衝撃を緩和することができる。だからこそ持続的・安定的なのである。ゆえに、大切なのは持続的・安定的な自己肯定感が高いことであり、これこそがほんとうの自己肯定感であるとみなすべきだろう。

では、そのようなほんとうの自己肯定感はどうしたら高まるのだろうか。

僕は、ほんとうの自己肯定感というのは、自分が納得のいく形で周囲にうまく適応していると感じることで高まるのだと思う。自己肯定感が高いということは、適応力があることを意味する。ゆえに、自分なりに納得のいく生き方を貫きながら周囲にうまく適応することで自己肯定感が高まるとともに、自己肯定感が高ければ自信をもって社会に向かっていくことができる。

逆に言えば、周囲にうまく適応できないと自己肯定感は低下し、自己肯定感が低いため社会に向かっていく際に大きな不安に襲われることになりやすい。あるいは、自分を抑えすぎて無理に周囲に表面的に適応している場合は自己肯定感が低下し、自己肯定感が低いため表面的に社会に適応していても納得感が乏しい。

このように考えると、自己肯定感というのは、自分なりに納得のいく生き方を貫きながら社会でやっていけそうに思うときに感じるものなのではないか。自己肯定感が感じられるというのは、一般に自己肯定感が高いとされる心理状態のことである。ついでに言えば、自己肯定感が感じられないというのは、一般に自己肯定感が低いとされる心理状態のことである。

自己肯定感の心理メカニズムは文化によって異なる

自己肯定感が社会適応と密接に関係するのであれば、自己肯定感が高い人の人物像は文化によって異なるはずである。

第三章で、クロッカーとパークが、自尊感情の追求はけっして普遍的な人間の欲求ではなく文化的現象であると指摘し、アメリカ人が自尊感情の追求によって不安を軽減することに大きなコストを支払うように、日本人は周囲に溶け込むことによって不安を軽減することに大きなコストを支払うのではないかと推論していることを紹介した。

まさにその通りだと思う。僕たち日本人は、自信たっぷりに振る舞って自分を押し出すよりも、周囲から浮かないようにすることに心を砕く。欧米人の自信たっぷりな様子に圧倒されることもあるかもしれないが、根拠なく自信満々な様子や他人の気持ちに無頓着に自己主張する姿に呆《あき》れ、見苦しさを感じることもあるだろう。

もしも日本で暮らす人が欧米流の自己肯定感の高さを身につけたなら、その尊大さに呆れられ、周囲から浮き、不適応感に苛《さいな》まれ、自己肯定感は低下してしまうに違いない。このように、文化によって自己肯定感が高い人物が身につけている性質は大きく異なっている。

ゆえに、欧米流の価値基準からすれば、自信満々でなく、周囲の人に気をつかい、遠慮がちで謙虚な日本人は、自己肯定感が低いとみなされてしまう。だからといって日本人の自己肯定感が低いわけではない。

心理学者のペルハムたちは、意識化されている自尊感情と意識化されていない自尊感情を区別して測定し、両者は無相関であることを発見している。両者はまったく無関係なのだ。

「自分に非常に満足している」とか「自信がある」などと言葉では高い自己肯定感を表

明しても、意識化されていない自己肯定感が低いことがある。同様に、「自分に満足しているとは言えない」とか「自信なんかない」などと言葉では低い自己肯定感を表明しても、意識化されていない自己肯定感が高いことがある。

欧米では、自信たっぷりに見せないと生きていけない社会であるため、自信ありげに振る舞うのが常習化し、ほんとうは自己肯定感が低いのに、自己防衛的な心理が働き、自己肯定感が低いということを意識できなくなっている人もいるだろう。

一方、日本では謙遜しなければできた人間とみなされないため、謙虚に振る舞うのが常習化し、ほんとうは自己肯定感が高いのに、それを意識しないようにという文化的圧力のため、自己肯定感が高いということを意識できなくなっている人もいるだろう。

このような事情によって、調査データ上では日本人の自己肯定感は欧米人よりかなり低いということになるのではないか。

実際、心理学者の山口勧《やまぐちすすむ》たちは、ＩＡＴ（潜在的連合テスト）という手法を用いて、意識化されていない自尊感情を測定した結果、日本人とアメリカ人の自尊感情に差はみられないことを報告している。

各種意識調査のデータにみられる欧米人と日本人の自己肯定感の大きな差は、文化的伝統の違いを示しているにすぎないのだ。日本人の心には謙遜の美徳が深く根付いているため、意識調査では欧米人と比べて自己肯定感得点が著しく低くなる。ところが、潜在意識を測定してみると、日本人は欧米人と同程度の自己肯定感を保っている。なぜなら、日本では自分をあまり肯定せず謙遜する方が社会に適応しやすいため、欧米基準で作成された自己肯定感尺度の得点が低くても、ほんとうの自己肯定感は高いということがあるからである。

そこから言えるのは、自己肯定感が高い人にみられる特徴は文化によって大きく異なるということである。欧米流の自信満々の振る舞いも、日本流の謙虚で控えめな振る舞いも、それぞれの文化に適した自己呈示によって身につけられたものなのだ。いずれの場合も、人生を前向きに歩んでいくためには、心の底において自分自身を肯定していることが必要なのは言うまでもない。

そこで大切なのは、属する文化にふさわしい性質を身につけることによって、ほんとうの自己肯定感を高めていくことである。僕たち日本人であれば、謙虚さや人に対する思いやりを身につけることで、「できた人物」として周囲から受け入れられ、「自分は社会にうまく適応していけそうだ」と感じることができるため、自己肯定感が高まっていく。

欧米流に自信満々に振る舞ったり、自分を全肯定して強く自己主張したりすれば自己肯定感が高まるというわけではない。それではかえって周囲から受け入れられず、不適応感に苛まれ、自己肯定感が下がってしまいかねない。

だが、そうした文化的背景を踏まえずに欧米基準で自己肯定感をとらえる人が多いことが問題なのだ。

自己肯定感を高める教育への違和感

文部科学省が2016年に公表した「我が国の子供の意識に関するタスクフォースにおける分析結果」では、日本の子どもの自己評価が諸外国の子どもに比べ低いことが指摘されている。それを踏まえて、教育再生実行会議は2017年に「自己肯定感を高め、自らの手で未来を切り拓《ひら》く子供を育む教育の実現に向けた、学校、家庭、地域の教育力向上」を掲げて、子どもや若者の自己肯定感を高めることの必要性を強調した。

内閣府による2019年の「子供・若者白書：概要版令和元年度版」による国際比較でも、「自分自身に満足している」という者はアメリカ87％、フランス85・7％であるのに対して、日本は45・1％である。同じく内閣府による2021年の「令和3年度子供・若者の状況及び子供・若者育成支援施策の実施状況」により時系列でみても、「今の自分が好きだ」という者が2016年度44・8％、2019年度46・5％というように相変わらず自己肯定する者の比率は低いままである。だから何としても日本の子どもや若者の自己肯定感を高めないといけないというわけである。

そうした流れを受けて、教育現場でも自己肯定感向上プログラムが実施されたりしている。その実施前後のデータを比べた結果、自己肯定感の向上が確認できたとの報告もある。

何らかの当番や下級生の世話などの役割を与える、商店街の活性化の手伝いをさせる、職場を体験させるなど、何かに貢献したり、人から必要とされたりすることで自己肯定感を高めようという試みには納得感がある。

だが、自分ができたことを日々チェックさせることで自己肯定感を高めようという試みや、お互いにほめ合ったり長所を指摘し合ったりすることで自分の良いところに気づかせて自己肯定感を高めようという試みとなると、自分の肯定的な面に目が向くという効果があるとは思うものの、それでほんとうの自己肯定感が高まるとも思えない。

そうした試みの前後で自己肯定感尺度の得点が上昇したではないかと言うかもしれない。しかし、それは一時的なものなのではないのか。第四章で指摘したように、個々の出来事によって上昇したり下降したりというように変動する自己価値感情を自己肯定感と混同すべきではない。

ほめられればだれだって嬉《うれ》しいし、長所を指摘されれば気分は舞い上がるものだ。でも、一時的な気分の高揚と自己肯定感を混同すべきではない

そんなことで自己肯定感が高まるのなら、厳しいことを言われず、しょっちゅうほめてもらえる今の時代、自己肯定感の高い若者だらけになるはずだ。だが実際は、自己肯定感の低さに悩む若者が非常に多い。

ほめて育てるという方式が日本中に広まり、叱ったり厳しいことを言ったりしにくく

なって20年以上になるが、自己肯定感が高まるどころか、自己肯定感の低さに悩む者が非常に多くなっていることを忘れてはならない。

それには自己肯定感という言葉が広まり、日本の若者の自己肯定感が欧米と比べて著しく低いのは問題だという見当違いの論調が日本の若者を追い込んでいるといった側面もあるだろう。

日本の社会に溶け込もうとして謙虚にしていると、欧米流の自己肯定感尺度の得点は低くなってしまうし、「自分はすごい」「自分に満足」というように自己肯定を前面に出せば欧米流の自己肯定感尺度の得点は高くなっても、日本の社会に溶け込みにくくなってしまう。そこに目を向けなければならない。こうした観点が世間に広まれば、自己肯定感尺度の得点の低さを気に病む若者も救われるはずだ。

小手先のテクニックで向上するようなものではない

自己肯定感を高めようというプログラムが孕《はら》むもう一つの問題点は、自己肯定感を小手先のテクニックで高めようとすることにある。

ほめたり長所を指摘したりして自己肯定感を高めようという試みも広く行われているようだが、それで一時的に自己肯定的な気分になったとしても、ほんとうの自己肯定感が高まるわけではないということは前項で指摘した。

要求水準を下げれば、自分の現状に満足しやすくなるので自己肯定感は高まるといったアドバイスがなされることもある。たしかに要求水準を下げれば自分の現状に満足しやすくなる。

たとえば、野球選手がホームラン30本を目標にして20本しか打てなければ自分の現状に満足できないが、15本を目標にすれば20本という自分の現状に十分満足できるだろう。でも、それで自己肯定感が高まるだろうか。目標を達成したということで一時的に満足感を味わえても、それ以上の成長につながらないのでは、ほんとうの自己肯定感が高まることは期待できない。

自分より優れた人物と比較すれば「自分はダメだ」ということで自己肯定感は下がってしまうが、自分より劣る人物と比較するようにすれば「自分はけっこういい線いってる」ということで自己肯定感は上がるから、あまり高望みせずに下方比較の習慣を身につけるとよいといったアドバイスがなされることもある。

自分より優れた人物と比較するのが上方比較、自分より劣る人物と比較するのが下方比較である。下方比較をすれば、たとえ成績がパッとしなくても、何らかの失敗をしでかしても、「あいつよりはマシだ」と思えるため、気分の落ち込みを緩和することができる。

成果が出せなかったり、失敗したりして、酷《ひど》く傷つきそうなときの一時的な対処法としてなら下方比較は有効かもしれないが、これを常習化してしまうと、自分の現状を肯定し開き直る感じになり、成長路線から逸《そ》れてしまう。

そもそもモチベーションの高い人や有能さを発揮している人は、上方比較によって「自分はまだまだだ」と思うことで向上心を燃やし、成長し続けているのである。人間関係面も含めて、「自分はまだまだ未熟だ」と思うことで自己改善を心がけ、より大きな人間へと成長していけるのである。低いレベルで「これで十分」と自己肯定してしまったら、それ以上の成長は期待できない。

このように小手先のテクニックで一時的な気分の高揚を味わうことができても、そんなことでほんとうの自己肯定感が高まるわけではない。そんなことで高まるものはほんとうの自己肯定感とは言えない。

ここで発想の転換が必要だ。勉強でも部活でも人間関係でも、なかなかうまくいかなかったり、自分の未熟さを痛感させられたりして、自己嫌悪に陥るようなときは、小手先のテクニックで自分の現状を肯定して気分の高揚を図ろうなどとはせずに、自己嫌悪に苛まれるのは強い向上心がある証拠だと自分に言い聞かせて、思い切り自己嫌悪に浸ればいい。そう思うことだ。自己嫌悪を前向きにとらえられるようになれば、成長軌道に乗ることができ、自然に自己肯定感も高まっていくはずだ。

自己肯定感が自然に高まっていくために大切なこと

最後に、一時的な気分の高揚ではなく、ほんとうの自己肯定感が自然に高まっていくために大切なことについて考えてみたい。

これに関しては、2020年に「教育新聞」に「なぜ「自信のない子」が多いのか——自己肯定感を育む11の方法」として連載したものをもとに、重要と思われることを列挙しつつ解説していくので、ぜひ参考にしていただきたい。

こうすれば自己肯定感が高まるというような小手先のテクニックを求めるのではなく、自己肯定感が低い若者の心理を理解し援助するためのヒント、あるいは自分自身の自己肯定感の低さを改善するためのヒントをつかむつもりで、以下の諸点を意識するようにしてほしい。

①やる気のある自分を発見する

学生たちと話すと、悩みにもいろいろあるが、モチベーションの低さを嘆く者が少なくない。

「子どもの頃は、もうちょっとモチベーションが高かったと思うんですけど、いつの間にか何をするにも適当になっちゃって」

「何もやる気がしないんです。課題をやらなくてはと思っても、どうしてもやる気になれなくて。試験勉強もまったくやる気がしなくて、単位落としまくりです」

このように、やらなければならないことがあってもやる気になれない、いわゆるモチベーションの低さを口にする学生たちは、当然のことながらそのような自分を肯定できないでいる。

「そんな自分が嫌でたまらない。どうしたらやる気になれますか？」

「自分を変えたいんですけど、モチベーションの高い人って何が違うんですか？」

などと聞いてくる。

そうした相談が多いため、授業の中でも、モチベーションの仕組みについて解説しつつ、「自分はモチベーションが低くて困るという人が多いけど、これまでの人生を振り返って、何に対してもモチベーションが低かったという人はいないのではないか。部活を頑張った人もいるだろうし、子どもの頃は何かの遊びに夢中になったこともあったんじゃないかな」などと伝えることにしている。

そうすると授業後に、

「自分はモチベーションのないダメ人間だって思ってたけど、サッカーを頑張ってた頃の気持ちを思い出しました。気持ちのもって行き方しだいで勉強にも応用できそうですね」

「吹奏楽の部活で悩みながらも必死になって練習してたときのことを思い出して、自分も頑張れるのかもしれないなって思えてきました」

などと言いに来る。

モチベーションを高めるには、できないことができるようになる喜び、わからないことがわかるようになる喜びに目を向けることが大切である。自分自身の成長や熟達を意識することがモチベーションにつながり、やる気のある自分を発見することが自己肯定感につながっていく。

②忍耐力を鍛え、衝動コントロール力を高める

自己肯定感の低い子の特徴のひとつに、衝動的でキレやすいということがある。友だちから嫌なことを言われると、怒鳴るように言い返したり、つい手を出したりしてしまう。先生から注意されたことに納得がいかないと、泣きわめいたり、暴れたりしてしまう。そのようなキレやすい子どもたちが急増していることが大きな問題となっている。衝動が収まると後味の悪さが残るが、それでは自己肯定感は下がるばかりだ。

これに関しては、第四章で小学校での暴力事件の件数が急増し続けていることや小1プロブレムと言われる幼稚園から小学校への移行でつまずく子が多いことを指摘し、その実態について解説したので、そちらを参照してほしい。

嫌なことがあったり、思い通りにならないことがあったりすると、ついキレてしまうというのでは自己肯定感が高まることは期待できない。また、学校に適応できない自分を肯定するのも難しいだろう。

衝動コントロール力を高めるには、思い通りにならないときも我慢できるように忍耐力を鍛える必要があるが、ほめる教育・叱らない教育がもてはやされる今日、それは非常に難しい。

これには家庭教育も深く関係しており、学校と家庭の連携が必要だが、子どもの心を鍛えてあげるという発想が乏しい親、子どもに甘い親が多く、子どもの心を鍛えることに対する保護者の理解がないといった声も教育現場でしばしば耳にする。保護者の意識を変えてほしいと頼まれることもあるが、なかなか一筋縄ではいかない。

自己肯定感を育むには、忍耐力を鍛え、衝動コントロール力を高める必要があるのだが、そのような力を鍛える教育的働きかけがしにくい時代なので、自分自身で忍耐力を鍛えなければならない時代なのだという自覚をもって日常を過ごす必要がある。

③短所も未熟さも含めて自分を受け入れる

前向きに生きている人は自己受容ができている。その意味で、自己受容は自己肯定感を育むための必要不可欠の条件と言える。では、自己受容とはどのような心理状態をさすのだろうか。

自己受容を促進するために、本人ができることに着目させるというアプローチが取られたりする。できないことだらけで「自分はダメだ」と思い込んでいる子に「あなたはこれができるよね」とできることに目を向けさせ、自分の長所を自覚させることで自己受容を促そうというのである。それは間違いではないが、それだけでは十分でない。

なぜなら、だれにだってできないこともあるし、短所もあるからだ。いくら頑張っても「できない自分」。自分なりにここはダメだなと思う「短所をもつ自分」。そういう面も含めて、自分を丸ごと受け入れるのが自己受容である。これがないと、「どうせ自分なんか」といじけてしまい、「もっとできるようになりたい」「短所を少しでも克服したい」といった向上心が湧いてこない。

だからといって、「そのままの自分でいいんだよ」というようなアプローチは問題ありと言わざるを得ない。それは、頑張りすぎたり、傷つきすぎたりした子に、「張りつめた気持ちを少し緩めるといいよ」「そこまで自分を責める必要はないよ」と伝えるときに用いるメッセージである。

通常は、頑張ろうという気持ちや悪いことをした自分を責める気持ちがなければ困る。そこを勘違いした似非《えせ》心のケア的アプローチがとられるから、「頑張れない心」「反省できない心」が生みだされてしまう。

大事なのは、もっとマシな自分になりたいという気持ちに目を向けることである。そして、成果にはなかなかつながらなくても頑張っている自分、短所だらけで未熟だけど一所懸命に生きている自分、そんな自分を受け入れることである。自己受容が進むと自己肯定感も高まる。また、自己受容が進むと他者受容も進み、人間関係が良好になる。それによってさらに自己肯定感が高まっていく。

④楽観的なものの見方を身につける

何かにつけて物事を悲観的に受け止める心理傾向をもつ子がいる。授業中に先生に指名されたとき、ボーッとしていてうまく答えられないと、ひどく落ち込む。友だちから嫌なことを言われると、「きっと嫌われてるんだ」と思い、落ち込む。試験で悪い点を取ると、「自分は頭が悪いんだ」と自己嫌悪に陥り、落ち込む。

このように悲観的な心理傾向をもつ子どもは、なかなか自己を肯定することができない。何か失敗したり、嫌なことがあったりすると、「自分はダメだ」「どうせ自分は（嫌われている、頭が悪い）」などと自己否定してしまう。

ポジティブ心理学を提唱したセリグマンによれば、楽観的なものの見方をする人は、悲観的なものの見方をする人よりも、勉強や仕事の成績がよく、鬱になりにくく、感染症などの病気になりにくく（心理的要因により免疫力が高いため）、寿命も長い。それは素晴らしい発見だが、楽観的なものの見方は、自己肯定感を育むためにも必須の要素といえる。

先の例で言えば、楽観的な子なら、授業中に先生から指名されてうまく答えられないときなど、「ちゃんと聴くようにしなくちゃ」と反省はしても、とくに落ち込まない。友だちから嫌なことを言われても、「なんか感じ悪いな、虫の居所が悪いのかな」と思うくらいで、嫌われているとまでは思わないため、落ち込むこともない。試験で悪い点を取ったときなど、「これじゃダメだな。もっと勉強しなくちゃ」と反省し、つぎはもっと頑張ろうと思いはしても、自己嫌悪で落ち込むようなことにはならない。

こうしてみると、自己肯定感を育むには、楽観的な認知の枠組みを身につけることが必要だということがわかる。失敗を悔やみ落ち込むのでなく、つぎは失敗しないように頑張ろうと思うなど、失敗をつぎに活《い》かすように考える。友だちから嫌なことを言われても、落ち込むのでなく、相手にもいろいろ事情があり、心理状態も揺れ動いているのだというように、相手の要因に目を向けるようにする。

試験で失敗した子が、「自分は頭が悪い」と思えば落ち込むのも当然だ。でも、準備が不足していたと思えば、そこまで落ち込むことはないし、「よし、つぎこそちゃんと準備するぞ」と前向きになることもできる。

前向きになれるかどうかは受け止め方しだいなのだ。楽観的なものの見方が身についてくれば、自己肯定感が自然に高まり、否定的な出来事にいちいち傷つき落ち込むこともなくなるだろう。

⑤何かに没頭することで集中力を高める

何かに集中し、我を忘れて没頭するという経験は、自己肯定感を育む上で、とても大きな意味をもつ。

授業中、すぐに飽きてしまい、隣の子にちょっかいを出しては先生から叱られる。休みの日に家族で図書館に行って、本を読み始めてもすぐに飽きてしまい、本を読んでいるきょうだいに話しかけては、「読んでるんだから、黙ってよ」と言われる。家で宿題をしていても、気が散って集中できず、まだやりかけなのにマンガを読んだりゲームをしたりして、宿題ができないまま翌日になってしまう。そんなふうだと、家族からも先生からも「集中力がないなあ」と言われることが多いため、本人も「自分は集中力がないんだ」と思うようになる。これでは自己肯定感も高まらない。

集中力の欠如をそのまま放置しておくと、授業にも宿題にも集中できないため、学校の成績が低迷するのは目に見えている。気が散るばかりで、やらなければいけないことができない自分、何に対しても無気力な自分に絶えず直面するのでは、自己肯定感が高まる見込みはない。そうかといって、授業や宿題に集中するようにいくら言ったところで、そう簡単に心の傾向を修正できるものではない。

そこで大切なのは、勉強でなくてもよいので、何かに没頭する経験を持つことである。モチベーションのところでも指摘したように、好きなことにめぐり合えば、自然に集中するものだ。そのきっかけづくりをどうするかが工夫のしどころとなる。

気が散るというのは、いろんなことに関心が向くということでもある。今のところ何かに夢中になるようなことがないわけだから、いろんな活動に触れる機会をもつことが大事である。工作、手芸、昆虫採集、お絵描き、音楽鑑賞、楽器演奏、天体観測、囲碁、将棋、野球、サッカー、水泳など、要するに何でもよい。まずはいろいろ試してみて、興味をもてるものにぶつかることが大切だ。

少しでも興味を感じたら試してみればいい。積極的に動いていれば、そのうち自分に合うものに出会うはずだ。夢中になれるものが見つかれば、自分にも集中力があるのを実感することができる。

何かに没頭した経験は、何をするにしても自信につながる。集中力を身につけておけば、いずれ勉強でもスポーツでも何でも、必要に迫られたときに集中力を発揮して取り組むことができる。そんな自分を感じることで、自然に自己肯定感が高まっていく。

⑥習慣形成によって自己効力感を高める

最近の子どもや若者の自己肯定感の低さには、自己効力感の低さが関係しているように思われる。「粘り強さがない」「すぐに諦める」といった心理傾向が指摘されるが、そこには自己効力感が絡んでいる。自分にできる気がしないのだ。

自己効力という概念の提唱者であるバンデューラは、期待を結果期待と効力期待に分けた。結果期待とは「こうすればうまくいく」という期待、効力期待とは「自分はその行動を取ることができる」という期待のことである。いわば、効力期待というのは、自分はそれができるという自信である。

たとえば、この問題集をマスターすれば試験で良い成績が取れるはず、毎日素振りをしっかりやれば試合に出られるはず、などといった期待が結果期待である。このような期待があっても、必ずしもその行動を取れるとは限らない。大人だってそうだろう。こうすればダイエットに成功するはず、このような行動を毎日取れば成人病を防げるはずとわかっていても、なかなかそれができなかったりする。

そこで決め手となるのが効力期待だ。この問題集をマスターすれば試験でうまくいくとわかっていても、「自分にはちょっと無理かなあ」と思う子はなかなかうまくいかないが、「自分はきっとできる」と思う子は高いモチベーションをもって継続的に取り組めるため、うまくいく可能性が高まる。

どうすればよいかがわかっていても、それができないのは、結果期待はあっても効力期待がないからだ。バンデューラは、効力期待がモチベーションにとって非常に重要だと考え、これを自己効力感と名づけた。何らかの目標を達成するために必要な行動を取ることができるという自信である。その自信が自己肯定感につながっていく。

やるべきことを最後までやり抜くかどうかは自己効力感しだいといえる。では、どうしたら自己効力感を高められるのか。そこで威力を発揮するのが習慣形成だ。

たとえば、毎日1時間机に向かうのが習慣になっていれば、当たり前のように机に向かう。それを継続するのに意志の力を必要としない。習慣形成の意義は、まさにそこにある。習慣形成によって、意志の力なしに、ほぼ自動的に望ましい行動が取れるようになる。

そこで、何でもよいから何らかの習慣形成を試みるのである。そのうち習慣化すると、ほぼ自動的にその行動が取れるようになる。「自分は継続することができた」ということによって、自己効力感が高まる。それが自己肯定感につながっていく。

⑦心の居場所となる気心の知れた親しい相手をもつようにする

子どもたちの生活空間は、幼稚園や学校に通ったりすることで、家庭内から家庭外へと拡張していく。家庭の中にいないと安心して過ごせないということだと、外の世界にいても気持ちが落ち着かず、形の上では外に出るにしても、気持ちの上では引きこもり気味になってしまう。そんな気持ちが委縮した状態では、自己肯定感を育むのは難しい。

ゆえに、外の世界にも心の居場所をつくることが、心の健全な発達のための重要な課題となる。

外の世界に心の居場所をつくるには、気心の知れた親しい友だちが必要となる。ただし、気心の知れた親しい友だちといっても、発達段階によってその関係性は違ってくる。

児童期には行動を共にし、一緒に遊べる友だちが求められる。

一方、中学生くらいからは、自分の内面に目が向き始め、自己意識が高まっていく。自分の内面を見つめれば、心の中の不安に直面せざるを得ない。周りの友だちを見ても、その内面までは見えないため、とても安定しているように感じられ、気持ちが委縮しがちである。

そんなときに求められるのは、単に一緒に行動できる友だちではなく、心の内面を共有し合える友だちである。自分の気になることも含めて率直に自己開示し合える友だちだ。

とくにSNSが発達した今日、友だちに話したことをみんなに拡散されたから友だちにホンネは言えなくなった、親しい友だちにもほんとうに気になっていることは言えない、などという者も少なくない。大学生でも、内面的なことは先生にしか話せないという者が結構いて、友だちグループで話しに来るときは軽いノリで盛り上がるばかりなのに、個々に来ると深刻な雰囲気で悩んでいることを相談してくる学生も少なくない。

自己開示にはたしかにリスクが伴うが、思い切って友だちに自己開示したら、相手も自己開示してくれて関係が深まるというのもよくあることである。内面を共有できる親しい友だちがほしいというのは、だれもが思うことなのだ。ゆえに、思い切って一歩を踏み出す勇気も必要だろう。

ネット空間を心の居場所にする子どもや若者は、どうしても現実の人間関係の世界からこぼれ落ちてしまいがちなので、できるだけ生の人間関係の中に心の居場所をもつことを意識するようにしたい。

⑧とくに親しくない相手とのかかわりを無難にこなす経験を積む

私たちは、親しい絆《きずな》によって支えられるが、面倒な相手とのかかわりには大いに頭を悩ますものである。人間関係は、ストレス緩和効果をもつこともあるが、ストレス源にもなり得る。社会人にとっての二大ストレス源が過労と職場の人間関係とされるが、子どもや若者にとっても人間関係が大きなストレスになっていたりするのである。

コミュニケーションが苦手な子どもや若者が増えているということで、新人採用にあたってほとんどの企業がコミュニケーション力を最も重視している。なぜコミュニケーションが苦手なのかと言えば、集団遊びが少なくなるなど人間関係に揉まれることが少なくなったからである。

昔は近所の子どもたちの集団遊びがあった。そこでは、年齢に関係なくみんなで遊んだ。年上の子と遊ぶことで、頼ったり従ったりするかかわりに馴染《なじ》む。年下の子と遊ぶことで、保護したり注意したり大目に見たりするかかわりに馴染む。さらには、親しい子ばかりでなく、あまり親しくない子や仲の悪い子とも遊ばねばならないため、いろんな距離感でかかわる訓練になる。

ところが、今はとくに親しい数人の同級生と遊ぶばかりなので、いろんな距離感でかかわる経験が乏しい。あまり親しくない友だちとは、ほとんどかかわることなく過ごすことができる。似た者同士で過ごすばかりであるため、異質な相手とどうかかわったらよいかわからない。それに加えて、習い事や学習塾に通う子どもが多く、子ども同士で遊ぶ経験自体も乏しくなっている。

「人間」という文字を見ればわかるように、私たちは人との間を生きる存在である。人との間のほかに生きる場はない。ゆえに、人間関係をうまくこなせないと、自分に自信をもつことができない。自己肯定感を保つには、人間関係を無難にこなしていくことが必要となる。

とくに問われるのが、苦手な相手とかかわる力である。親しい相手とかかわることはできても、苦手な相手とうまくかかわることができないという子どもや若者が少なくない。大人になっても、苦手な相手とかかわると思うだけでお腹が痛くなり、取引先に苦手な相手がいると訪問できずに逃げてしまったり、職場に苦手な先輩や上司がいると出社できなくなってしまったりする人もいる。これでは自己肯定感を保つのは難しい。

ゆえに、学校時代には、親しい友だちとのつき合いを大切にするのはもちろんのこと、とくに親しいわけでもない友だちと無難にかかわる経験を積んでおくことも大切である。

⑨コミュニケーション力を高める

学生たちと話すと対人不安の強い者が非常に多い。授業で対人不安について話すと、いつもやる気のない学生さえもが熱心に聴き入り、「まるで自分のことを言われてるみたいだった」「自分だけじゃないとわかって安心した」などと話しに来る。そこで、『「対人不安」って何だろう？——友だちづきあいに疲れる心理』（ちくまプリマー新書）を書いたわけだが、その内容の一部を紹介すると、中学校や高校時代からずっと悩まされていたのは対人不安だったのだとわかったという者が非常に多い。

対人不安とは、自分が他者の目にどのように映っているか、映ると予想されるかを巡る葛藤により生じる不安のことである。具体的には、「自分の話なんてつまらないんじゃないか」「場違いなことを言ってしまわないか」「変なヤツと思われるんじゃないか」「自分と一緒にいても楽しくないんじゃないか」などといった不安である。

このような不安の強さが自己肯定感の低さにつながっているというのは十分考えられることである。とくに、間柄を大切にする私たち日本人の場合、人間関係における自信の有無が自己肯定感を大きく左右すると考えられるため、コミュニケーション力を高め、対人不安を少しでも和らげることが重要となる。

今の子どもや若者の間では、コミュニケーション力は笑いを取る能力、おもしろく話せる能力と受け取られているようなところがある。だが、だれもが話し上手になれるものではないし、そのような能力だけで人からの信頼や評価が得られるわけでもない。コミュニケーション力をもっと広い意味でとらえておく必要がある。

コミュニケーション力の心理尺度の開発に際して、僕はつぎの六つの因子を抽出した。

①社交力……慣れない相手に対しても気後れせず、場にふさわしい会話ができる性質
②自己開示力……自己防衛的に身構えず、率直に自分をさらけ出す性質
③自己主張力……自分の考えを理路整然と表現し、相手に説得的に働きかけることができる性質
④感情表現力……自分の気持ちをうまく表現し、相手の気持ちに訴えることができる性質
⑤他者理解力……周囲の人に関心をもち、相手の気持ちや考えを汲《く》み取ることができる

性質

⑥傾聴力……相手の言葉にじっくり耳を傾け、相手の自己開示を引き出す性質

対人不安を少しでも和らげ、自己肯定感を高めるためにも、このようなコミュニケーション力を身につけるように心がけたい。

⑩逆境に負けない力としてのレジリエンスを高める

人生は思い通りにならないことの連続といっても過言ではない。試験で思うような成果が出ない。受験で志望校に合格できない。部活でレギュラーになれない。友だちと仲違《たが》いしてしまう。失恋する。そのように数え切れない挫折に見舞われるのが人生である。そのたびに「心が折れた」と落ち込んでいたら、人生の荒波を乗り越えていくことができない。当然、自己肯定感は低くなる。

そこで重要になるのがレジリエンスである。第四章で解説したように、レジリエンスは、復元力と訳され、もともとは物理学用語で弾力を意味するが、心理学では「回復

力」とか「立ち直る力」を意味する。より具体的には、困難な状況でも心が折れずに適応していく力、挫折して落ち込んでもすぐに回復し立ち直っていく力、きつい状況でも諦めずに頑張り続けられる力のことである。

レジリエンスが低いと、困難な状況を耐え抜くことができない。そんなときに口にするのが、「心が折れた」というセリフだ。

レジリエンスの研究は、逆境に強い人と弱い人がいるけれども、その違いはどこにあるのかという疑問に端を発している。過酷な状況で、一時的に落ち込んでも、すぐに回復する人もいれば、いつまでも落ち込んだままで、なかなか日常生活を立て直すことができない人もいる。

何か失敗したときは、だれでも落ち込むものだ。でも、失敗に落ち込むより、失敗を糧にすることが大切だ。そのためには、感情反応より認知反応を心がける必要がある。感情反応が強い場合は、ひどく落ち込み、心が折れやすくなる。それでは自己肯定感は高まらない。「失敗は貴重な気づきを与えてくれる」「失敗は成長のきっかけになる」と思えば、失敗を過度に恐れずにすむ。そして、「どこがまずかったのか」「同じような失敗を繰り返さないためには、どんな点に注意したらよいだろうか」というようにメタ認知を働かせ、自分にとっての課題を知ることで、失敗を今後に活かすことができる。そのように失敗を糧にして成長できれば、自己肯定感は自然に高まっていく。

挫折体験もポジティブにとらえるなど、ネガティブな出来事や状況にもポジティブな意味づけをしている人がゆったりした自己肯定感を感じさせるといった知見もあるように、ものごとを前向きに受け止めることが自己肯定感につながっている。

これまでに行われてきたさまざまな研究をもとに、レジリエンスの高い人の特徴として、つぎのような性質を抽出することができる。

・自分を信じて諦めない
・辛い時期を乗り越えれば、必ず良い時期が来ると思うことができる
・感情に溺れず、自分の置かれた状況を冷静に眺められる
・困難に立ち向かう意欲がある
・失敗に落ち込むよりも、失敗を今後に活かそうと考える

・日々の生活に意味を感じることができる
・未熟ながらも頑張っている自分を受け入れている
・他人を信じ、信頼関係を築ける

このような心の癖をもつ人は、思い通りにならない厳しい現実に押し潰されそうになり、一時的に落ち込むことがあっても、けっして潰されることなく立ち直っていくことができる。

このような心理傾向を身につけるように意識することが大切である。

⑪ストレスを緩和する方法について知っておく

学校生活には楽しいことがたくさんあるものの、勉強面や友人関係面でストレスがかかるのも事実である。勉強で成果が出ない子も、苦手だからと勉強を放棄するわけにはいかない。一方、勉強ができる子にも、好成績を維持することのストレスがある。気の合わない子がいても、一緒のクラスにいる限りかかわらないわけにいかない。このようにストレスは避けることができないが、ストレスに押し潰されそうな毎日では苦しいばかりだし、自己肯定感も低くなってしまう。

ストレスが避けられないのなら、その悪影響を緩和する必要がある。そこで重要なのが、ストレス対処だ。ストレス対処は、課題思考型と情動志向型に大別できる。

ストレスの元となっている問題を解決しようというのが課題志向型のストレス対処だ。勉強の成績が悪いことがストレスになっているなら、良い成績が取れるように勉強のやり方を工夫する。友だちづきあいがストレスになっているなら、つきあい方を見直す。

ただし、現実にはなかなか思うようにストレス源となっている問題を解決できないことが多い。そこで威力を発揮するのが、情動志向型のストレス対処だ。いわゆる気晴らしや気分転換である。趣味に浸ったり、運動したり、気心の知れた友だちとお喋《しゃべ》りしたりして、溜《た》め込んだ鬱憤を発散したり、気持ちを切り替えたりする。

情動志向型ストレス対処で重要なのが自己開示できる相手をもつことだ。

自己開示には、カタルシス効果や自己明確化効果がある。胸の内に溜め込んだ思いを吐き出すと気持ちがスッキリするが、それがカタルシス効果である。自分の思いを人に話しているうちに自分の中のモヤモヤがはっきりしてくることがあるが、それが自己明確化効果である。

苦しい胸の内をだれにも話せないのではストレスが溜まるばかりだ。そこで有効なのは、自己開示できる人間関係をもつことだが、そのような友だちがいないこともある。自己開示できる相手がいない場合、筆記による自己開示が有効だ。たとえば、腹が立つこと、ムシャクシャする思い、気になっていること、不安なこと、悩んでいることなどを紙に書く。筆記による自己開示にもストレス緩和効果があることは、多くの実験により証明されている。

このようなストレス対処の方法や自己開示のストレス緩和効果について知っておくことで、日々のストレスに潰されずにすみ、自己肯定感に対する悪影響を防ぐことができる。

ちくまプリマー新書486
自己《じこ》肯定感《こうていかん》は高《たか》くないとダメなのか

二〇二五年三月十日　初版第一刷発行
二〇二五年六月二十日　初版第二刷発行

著者　榎本博明（えのもと・ひろあき）
装幀　クラフト・エヴィング商會
発行者　増田健史
発行所　株式会社筑摩書房
東京都台東区蔵前二‐五‐三　〒一一一‐八七五五
電話番号　〇三‐五六八七‐二六〇一（代表）
印刷・製本　株式会社精興社
ISBN978-4-480-68519-3 C0211　Printed in Japan